Je vais t'aimer mieux, MON CORPS

De la même auteure, chez le même éditeur

Fleurir avec ses idées, 2021.

Toutes les photographies sont de Flavie Eidel,
sauf celles du « Journaling » qui sont d'Émilie Drouet.

Création et mise en pages : Jennifer Simboiselle.

ISBN : 978-2-8132-2973-1

L'auteure de ce livre ne dispense pas de conseils médicaux ni ne préconise l'utilisation de techniques pour traiter des problèmes physiques, émotionnels ou médicaux, directement ou indirectement, sans l'avis d'un médecin. Elle a pour seule intention de communiquer des informations générales pour vous accompagner dans votre quête de bien-être émotionnel, physique et spirituel.
Dans le cas où vous les utiliserez à titre personnel, l'auteure et l'éditeur n'assument aucune responsabilité concernant vos actions.

www.editions-tredaniel.com
info@guytredaniel.fr
www.facebook.com/tredaniel.bienvivre
@tredaniel_bienvivre

ÉMILIE DROUET
@rose.poudre

Photographies
de Flavie Eidel

Je vais t'aimer mieux, MON CORPS

Guy Trédaniel éditeur
19, rue Saint-Séverin
75005 Paris

SOMMAIRE

Je prends soin de moi.

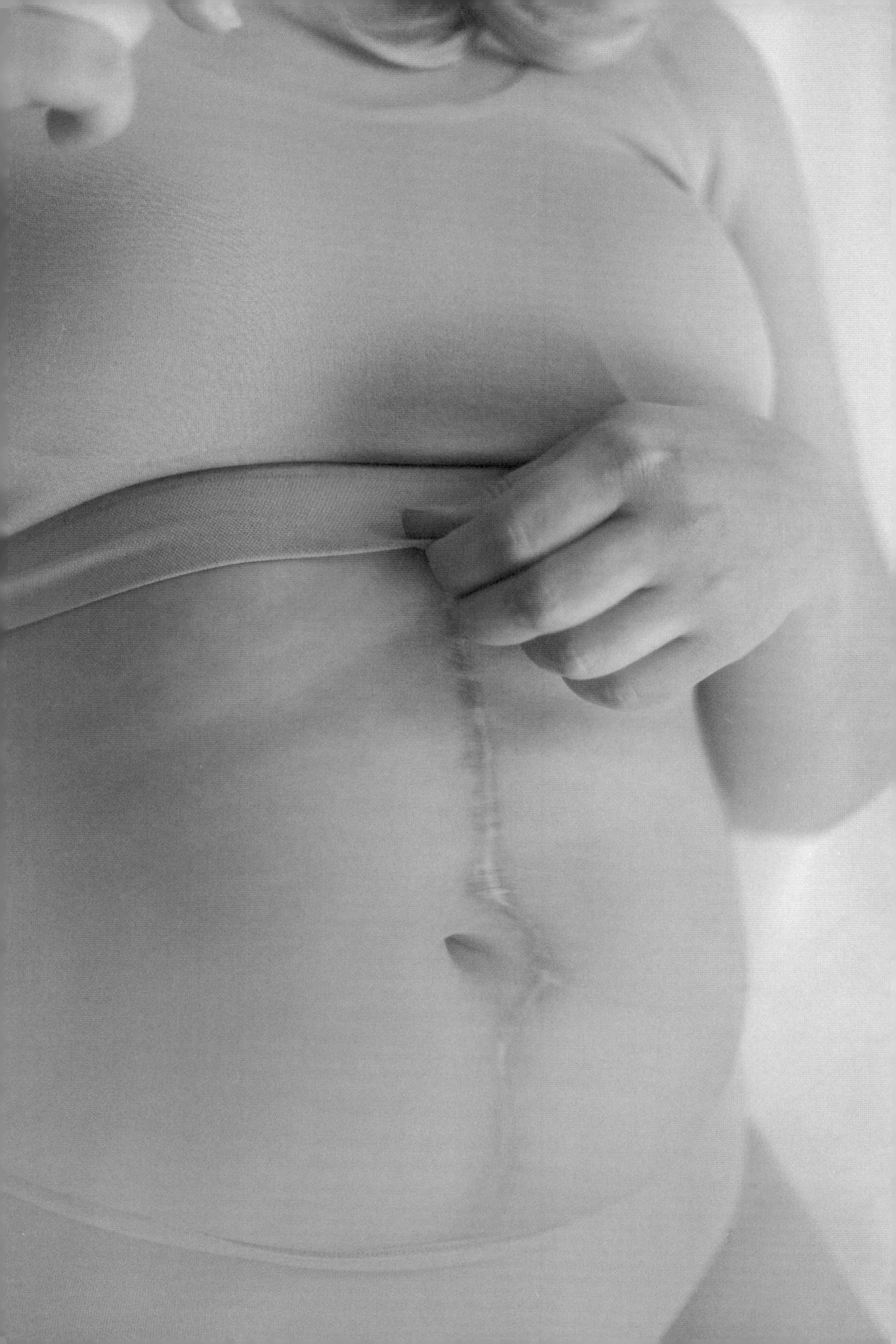

Je suis
assez bien.

INTRODUCTION

Le 1er mars 2021 a été le premier jour de ma nouvelle vie. En un an, j'ai transformé mon corps non seulement en perdant plus de 70 kilos, en me musclant et en me tonifiant, mais je l'ai aussi transformé en mettant en place des routines sportives, en améliorant mes apports nutritifs, en prenant soin de l'intérieur comme de l'extérieur. J'ai compris l'importance de mon corps dans ma vie. Je lui ai offert des soins, de l'attention, du mouvement, et j'ai aussi priorisé ma santé. C'est ce cheminement avec mon corps que je vais partager ici avec vous. Sur cette route, j'ai commis des erreurs, j'ai appris, j'ai évolué, et j'ai découvert toutes les libertés que mon corps pouvait m'offrir.

J'ai également transformé mon esprit, qui a tellement appris durant cette année ! J'ai chamboulé toute ma perception de ma personne. J'ai compris que j'étais plus que ma personnalité. Je suis un tout, je suis un corps, une âme et un esprit. Aucun d'entre eux n'est plus important qu'un autre. Chacun est essentiel. Dans ce livre, j'ai voulu transmettre mon expérience et ce que j'ai compris. Parce que j'aurais aimé lire un tel livre un peu plus tôt dans ma vie. Ne perdez plus de temps et choisissez maintenant d'améliorer votre relation avec la personne la plus importante de votre vie : vous.

Après avoir écrit un livre sur le développement personnel, *Fleurir avec ses idées : Manuel pratique pour concrétiser ses projets*, paru chez Guy Trédaniel éditeur, je vous invite aujourd'hui à accorder de l'attention à votre corps. Je vois ces deux livres comme un duo, un yin et un yang qui viennent se compléter pour vous accompagner sur la route du mieux-être. L'un comme l'autre sont les reflets de mes expériences, de mes découvertes, de mes réflexions. Ils ne sont pas une méthode universelle, une vérité absolue, un avis professionnel. Ils vous offrent simplement une piste de lecture parmi tant d'autres pour vous inviter à vous forger votre propre regard. Prenez ce qui vous parle, laissez aux autres ce qui ne résonne pas avec votre vérité. Considérez mes écrits comme une piste de réflexion qui saura peut-être vous apporter une nouvelle perspective.

Dans ce livre, je vous accompagne vers une rencontre avec vous-même. Je vous invite à regarder votre corps, à le toucher, à le connaître, à le remercier, à l'apprécier même. Mais aussi à le nourrir, à le soigner, à le chérir, à en prendre soin. Cette approche est holistique, c'est-à-dire qu'elle prend en compte l'être humain dans sa globalité. Je ne vais pas dissocier le corps du mental, mais bien mettre en lumière leurs liens. Le corps parle à l'esprit, et inversement. Combien de fois avez-vous ressenti une réaction physique à un *stimulus* psychologique ? Mal au ventre en cas de stress ? La chair de poule pour un pic d'émotions, pas d'appétit en étant triste ? Du mal à trouver le sommeil car trop préoccupé·e ? Parfois même, le corps nous donne l'information avant d'en avoir pris conscience, comme quand « on ne sent pas » cette personne, ou qu'on rougit sans s'en rendre compte… Le rapport au corps est également un facteur très important de la construction d'une personne et de sa confiance en soi. Toutes ces raisons m'amènent donc à aborder le corps de manière holistique, en tant que place essentielle dans la triade de notre équilibre « corps-âme-esprit ».

Notre corps ne doit pas être uniquement une machine qu'on oublie tant qu'elle fonctionne bien. Nous ne devons pas attendre d'avoir mal pour en prendre soin. Ce n'est pas non plus uniquement une enveloppe pour notre pensée, ou un moyen de transport. Notre corps fait autant partie de nous que notre personnalité. Il est aussi important d'apprendre à le connaître que de passer du temps à affiner nos goûts. Par exemple, jamais dans ma vie je n'ai compris qu'on pouvait faire du sport juste pour se sentir bien ou pour faire du bien à son corps, que c'était simplement un acte de bien-être. Le message que je recevais, c'est que c'était soit une pratique par obligation comme à l'école, soit pour perdre du poids. Je me disais même que les gens qui pratiquaient du sport sans une de ces deux raisons étaient fous ! Je me souviens avoir comparé le sport à la drogue, pour trouver une raison valable aux sportifs volontaires. Je n'arrivais pas à voir le sport comme quelque chose d'agréable et de sain. Il en va de même pour une alimentation équilibrée, que je n'imaginais possible que sans plaisir. Ou même des soins du corps, qui n'étaient qu'une corvée pour moi. Et pourtant je m'aimais. Et pourtant je me trouvais jolie. Et pourtant j'étais coquette. Mais mon corps n'était pas un sujet. Il était là, j'étais bien avec lui, mais on ne communiquait pas. Je n'ai réalisé son importance que bien plus tard... à l'aube de mes 31 ans.

Grâce à cette prise de conscience et à mon expérience transformatrice d'un an, j'ai compris que le corps, les émotions, le mental, l'âme, tout cela ne faisait qu'un. J'avais passé des années à affiner mon mental, à l'éduquer, à travailler mon développement personnel. Il était temps d'accorder mon attention à celui que j'avais oublié : mon corps. Et, durant cette année de chamboulement, j'ai compris que je ne pouvais pas non plus être dédiée à 100 % à mon corps. Car dès que je lui accordais plus de temps qu'à mon épanouissement spirituel ou mental, je perdais pied. L'équilibre entre tout ce qui nous compose est précieux. Sans lui, nous ne sommes plus que l'ombre de nous-mêmes. Selon moi, l'équilibre est la clef pour trouver la sérénité et le bien-être au quotidien. Mettre toute son énergie dans le soin au corps, en délaissant son bien-être mental, ne suffirait pas à nous épanouir. Et l'inverse non plus. Très souvent, on a tendance à se focaliser sur un axe, un objectif, parce que c'est difficile de faire attention à tout. On se lance à fond dans la course à pied, mais on ne prend plus le temps de méditer. On passe son temps à écrire dans ses journaux, mais on n'arrive plus à aller à la piscine... Et c'est ce que j'ai fait plusieurs fois avant de prendre conscience qu'il fallait que je m'attelle à garder un équilibre. Cultiver son épanouissement sur tous les tableaux est un vrai travail, qui demande d'y accorder une attention consciente. Mais ça en vaut tellement la peine ! Et je peux déjà vous dire que personne n'est parfait partout tout le temps, mais que la réussite tient à l'endurance sur le long terme. Il vaut mieux s'accorder du temps un petit peu tous les jours qu'une semaine une fois par an.

Alors comment faire ? Vous l'avez sans doute expérimenté à plusieurs reprises, ce n'est pas faute d'avoir envie de mettre en place de bonnes habitudes, mais c'est difficile de s'y tenir ! Et finalement, quelques semaines plus tard, ce n'est plus qu'histoire ancienne. Les résolutions du 1er janvier en sont un exemple parfait. Même l'habitude la plus épanouissante qui soit, celle qui nous plaît le plus, demande de la rigueur. Ce sera toujours plus facile de regarder une série ou de consulter les réseaux sociaux que de se lever pour aller à son cours de tennis. Pour chaque bonne habitude, il y a un petit *booster* de motivation et de détermination qui la précède. Le mouvement entraîne le mouvement. La motivation entraîne la mise en place de nouvelles habitudes. Et la rigueur permet aux habitudes de s'ancrer dans notre quotidien. L'important, c'est de trouver ce qui nous correspond, ce qui nous donne envie de nous lever et de commencer ! Par exemple, pour me motiver à pratiquer du sport, je commence par danser. Pour penser à méditer chaque matin, j'ai instauré un petit rituel où je fais brûler de l'encens et je m'assois sur un pouf dédié. Pour stimuler mon intellect, quand je sors mon chien, j'en profite pour apprendre l'italien sur une application ou pour écouter un podcast. Pour me motiver à ranger et à trier mes affaires, je me suis renseignée sur le minimalisme. Il suffit de trouver une action déclenchante qui vous aidera à vous lancer. Qu'est-ce que ce sera pour vous ? Qu'est-ce qui va vous lancer sur le chemin de la reconnexion à votre corps ?

Si vous avez ce livre entre vos mains, c'est peut-être l'élan qu'il vous fallait pour commencer cette nouvelle aventure…

Et si vous me lisez, c'est que vous savez que votre corps mérite mieux que ce que vous lui offrez aujourd'hui. Il mérite que vous en preniez encore plus soin. Il mérite le meilleur ! Vous avez aussi sans doute besoin d'éclaircir votre relation avec lui, de comprendre certaines réactions, d'améliorer votre communication avec lui.

Au fil de votre lecture, votre corps va devenir quelqu'un que vous avez envie de protéger, pour qui vous êtes prêt·e à fournir des efforts, à dégager du temps, à mettre en place de nouvelles habitudes, à essayer des choses, à en laisser partir d'autres… L'attention que vous allez porter à votre corps va grandir, et avec elle votre épanouissement, votre bien-être, votre confiance, vos envies, et votre amour de vous-même.

S'aimer complètement, inconditionnellement, n'est pas le but de ce livre. Vous avez le droit d'avoir du mal à aimer votre corps. Vous avez le droit de vouloir le changer. Et, surtout, il est normal de ne pas l'aimer tous les jours, toute la vie. Nous sommes des êtres de changement, la nature est en mouvement, notre corps évolue. Accepter le changement et l'accompagner, c'est là le plus important pour rester en harmonie avec soi-même. Ce livre n'est pas une injonction à l'amour de soi. Il a pour but de vous aider à créer du lien avec votre corps et à communiquer, à prendre soin de vous, à vous réconcilier avec votre corps, et enfin à vous aimer mieux. Même si cela vous semble difficile, voire impossible aujourd'hui, je souhaite vraiment du plus profond de mon cœur que vous continuiez votre lecture. Parce que les graines semées au fil des chapitres sauront, j'en suis sûre, éclore quand vous en aurez besoin. Laissez infuser les mots, prenez le temps de les digérer, laissez entrer la possibilité d'une belle relation avec votre corps. Laissez-vous une chance, vous la méritez.

Afin d'être totalement transparente avec vous, j'ai choisi de commencer ce livre en partageant avec vous mon journal intime, dans lequel j'ai écrit tout au long de ma transformation. Il est entier, jamais modifié, brut et même parfois à peine rédigé. C'est en toute vulnérabilité que vous confie mes pensées, mes réflexions et mes doutes, qui m'ont menée jusqu'à l'écriture de ce livre. Je souhaitais véritablement vous permettre de retracer ce chemin qui a été le mien, date après date, en toute transparence. Peut-être que certains mots feront écho avec vos propres questionnements, peut-être que mon journal vous inspirera pour écrire le vôtre. Mais ce dont je suis certaine, c'est qu'il vous aidera à mieux comprendre la suite du livre et toute ma démarche qui peut sembler antinomique : j'aime mon corps mais j'ai voulu le changer.

À travers mon journal, j'ouvre beaucoup de sujets que je développerai par la suite, dans la deuxième partie du livre. J'aborderai avec vous la question de l'image que nous avons de notre corps ainsi que les nombreuses influences qui déforment notre regard. Il est également important pour moi de vous accompagner dans l'exploration des messages de votre corps pour affiner votre communication ainsi que la gestion de vos émotions. C'est forte de ce lien que je partagerai avec vous des pistes pour cultiver votre confiance en vous et en votre corps afin de ne faire qu'un ! Et, comme la vie est faite de changement, je vous proposerai, à l'aide de professionnel·le·s de santé physique et mentale, des habitudes bienveillantes et des exercices pratiques dans différents domaines comme l'alimentation, les techniques de libération émotionnelle, les soins du corps, l'activité sportive, l'ancrage mental…

Je souhaite du plus profond de mon cœur que cette lecture vous apporte de quoi vous lier plus profondément à votre corps, vous aide à approfondir votre connaissance de vous-même et vous accompagne sur la route du mieux-être.

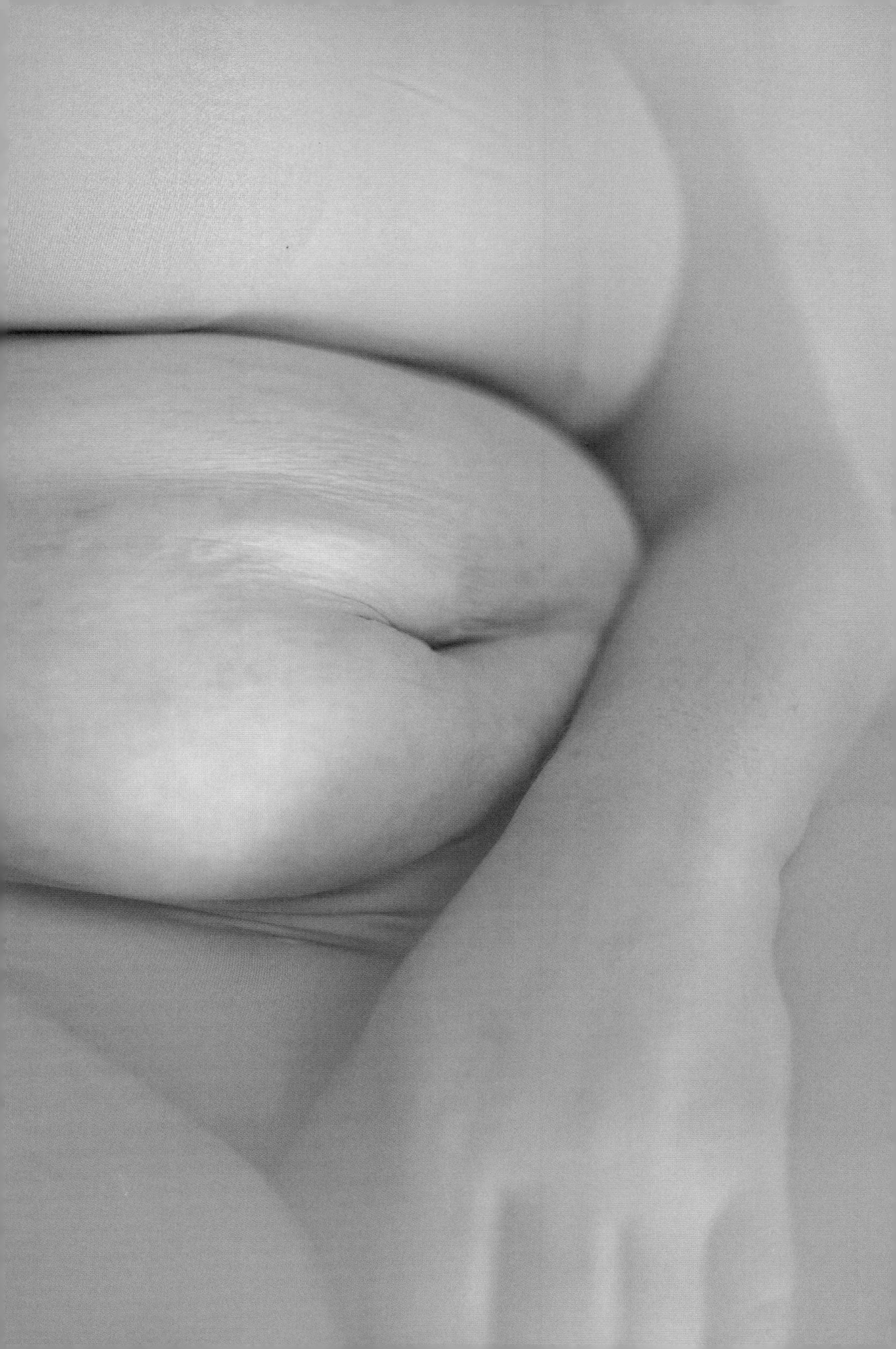

Je mérite le bonheur.

JOURNALING

Bienvenue dans mon journal intime de transformation ! Du 27 janvier 2021 au 28 février 2022, j'ai perdu presque 70 kilos, et j'ai aussi énormément gagné, en bien-être par exemple. À travers ces lignes, je vous livre mes réflexions, mes notes, mes pensées les plus intimes. En me dévoilant ainsi à vous en toute sincérité, j'aspire, d'une part, à partager mon approche du corps et de la transformation avec vous. En effet, j'ai choisi de perdre du poids alors que j'aimais mon corps. Pourquoi ? Quelles ont été mes motivations, où ai-je trouvé la force ? Comment l'ai-je vraiment vécu ? Et, d'autre part, j'ai envie de vous transmettre l'envie de vous livrer de la sorte vous-même. Si je n'avais pas écrit ces quelques lignes introspectives, ce livre n'aurait peut-être jamais vu le jour. Dans ces humbles entrées datées, c'est l'âme de ma transformation, mais aussi de mon projet que je vous livre. C'est une trace indélébile d'un moment de ma vie où j'étais alors en plein cheminement, en plein chamboulement. Les pensées s'infusent et se diffusent dans le temps, les écrits restent. Les relire me touche beaucoup, je vois combien j'ai déjà changé en quelques mois, combien j'ai grandi de toute cette expérience. Je suis plus riche de chacun de ces mots. Si je vous encourage à écrire également un journal, que ce soit sous forme papier ou digitale, c'est parce que même si sur l'instant ça ne semble pas vous apporter grand-chose, votre moi du futur en bénéficiera très certainement.

Je vous laisse vous plonger dans mon incroyable année, et je vous retrouve juste après pour parler de vous…

27 janvier 2021

Je ne peux plus rien avaler, je jeûne pendant une journée. Tout m'écœure. Je ne suis pas malade, mais mon corps ne veut plus rien consommer. Alors je l'écoute, j'arrête de manger pendant vingt-quatre heures. Le lendemain ça va un peu mieux, j'enchaîne avec quelques jours de jeûne intermittent.

Je me pèse : 155 kilos. Le poids le plus lourd de toute ma vie. J'ai 31 ans. Et si mon corps me disait stop ? Et si je devais l'écouter ? Et si j'essayais de mieux manger et de bouger un peu ? Moi qui me suis totalement enfoncée dans la sédentarité depuis un an… Je décide de continuer le jeûne intermittent et d'essayer de manger plus équilibré. Et pour ma vitalité, je commence le sport : vingt minutes de HIIT (*High Intensity Interval Training* - entraînement intensif fractionné) tous les jours. C'est difficile, mais je m'y tiens.

22 février 2021

J'ai perdu du poids, environ 6 kilos. J'achète une nouvelle balance impédancemètre. Elle m'indique que je perds du muscle, beaucoup visiblement. Je manque de protéines. Je réalise que depuis un an, je mange végan chez moi. Avant, je mangeais souvent dehors, et végétarien. Je n'ai ni modifié ni contrôlé mes apports. Je décide donc de faire une prise de sang. Résultat : juste une petite carence en vitamine D. Je me supplémente, j'essaie d'augmenter mes apports en protéines végétales et de bien équilibrer mes repas.

Mon but est de retrouver de la vitalité, de mieux digérer, de refaire du muscle, d'être en forme et de bouger plus aisément. Mais je continue à perdre du muscle, et je commence à me dire que je ne m'en sortirai pas seule. Après plusieurs semaines d'hésitation, je contacte une coach en ligne, Manon Saman (*retrouvez son témoignage professionnel plus tard dans le livre*) et je décide de me lancer dans trois mois de coaching sportif et nutritionnel. J'ai peur. Mais je sais que c'est la bonne décision.

28 février 2021

J'ai choisi de partager mon coaching sur mes réseaux sociaux. J'ai pris une photo, la plus vulnérable de mon Instagram. Je suis simplement moi, en pied, face à mon miroir. Sans jolie pose, sans joli vêtement. Juste moi. J'appréhende un peu la réaction des gens, de mes abonnés. J'ai toujours mis en avant le fait que je me trouve jolie, que j'aime mon corps, que tous les corps sont beaux. J'ai peur qu'ils ne comprennent pas. J'ai peur qu'ils se disent que si je veux faire ce coaching, c'est parce que finalement je n'aime pas mon corps. C'est faux. Je l'aime ainsi, je le trouve beau. Mais il me dit qu'il est temps d'en prendre soin. Et je pense que, pour moi, cela passe par une meilleure alimentation, du sport, et sûrement une perte de poids, oui.

En partageant mon aventure, je me rends compte que je m'ôte aussi toute possibilité de faire marche arrière. Je suis partie pour trois mois. On verra bien, je ne me mets pas trop de pression. Je n'ai aucun objectif de kilos à perdre, de poids idéal à atteindre, d'esthétique. Je veux juste me sentir mieux, apprendre à mieux me nourrir et faire du sport sans me faire mal.

8 mars 2021

La première semaine de coaching est derrière moi ; j'avais quelques appréhensions mais j'y arrive. Je m'attendais vraiment à ce que ce soit très difficile, mais finalement tout se fait en douceur. Je me réconcilie même avec le sport via la musculation. Je n'aurais jamais cru en être capable ! Moi, faire du sport ? Et aimer ça ? Je me rends compte que me dépasser me donne confiance en moi. Je suis fière de moi ! Côté alimentation, je mange plus que d'habitude, mais j'ai du mal à manger assez. Cependant je mange mieux, plus équilibré, et surtout je cuisine beaucoup plus. Je n'ai pas faim, je ne suis pas frustrée, je me fais plaisir tous les jours.

Comme prévu, mon annonce sur les réseaux n'a pas toujours été comprise. Certaines personnes m'ont reproché d'abandonner les gros. Elles se sentent trahies. Je prends le temps d'expliquer mon approche un peu différente. Je ne veux pas perdre du poids pour changer, mais pour vivre mieux. Mais oui, je vais sûrement changer. Pourquoi le changement est-il si mal perçu ?

29 mars 2021

Premier mois de coaching terminé, premier bilan ! J'ai perdu presque 6 kilos ainsi que beaucoup de centimètres, vraiment beaucoup : 17 centimètres de tour de taille ! Mon corps change, ce n'était pas mon but, mais j'apprécie de le voir se transformer. Je le regarde avec beaucoup de curiosité. Même si je pense que je suis la seule à le voir pour l'instant. Côté vitalité, c'est un regain impressionnant ! Je suis en pleine forme ! De même pour ce qui est de ma digestion, et mes aigreurs d'estomac ont disparu. Je trouve ça absolument incroyable de voir combien ces quatre petites semaines impactent directement ma vie et mon bien-être. Je suis tellement heureuse d'avoir écouté mon corps et d'avoir entamé ce changement !

26 avril 2021

Deuxième mois de coaching fini, déjà ! J'ai perdu 10 kilos, 26 centimètres de tour de taille, et deux tailles de vêtements. Ces chiffres sont incroyables ! Je me rends compte que je peux perdre du poids plus facilement que je ne l'aurais cru et que j'aime ce changement. Et je réalise que mon corps m'empêchait de vivre pleinement. Il y a plein de choses que j'aurais aimé faire dans ma vie, mais que je ne m'autorisais pas à cause de mon poids. Par exemple, j'avais fait une croix sur le saut en parachute, car le poids limite est de 90-95 kilos. Je me rends compte que je touche du doigt la liberté de faire tout ce que je veux faire. Et si je continuais après les trois mois ? Et si je continuais à changer, à perdre du poids ? Et si c'était le moment pour moi de me transformer ? Et si je pouvais simplement être plus libre ? Mon objectif de coaching change : je veux maintenant perdre du poids, beaucoup. Je veux sortir de l'obésité, je veux vivre pleinement ma vie et m'offrir ces expériences que je pensais impossibles. Je veux faire 90 kilos pour pouvoir sauter en parachute.

Je prends conscience que mon corps va beaucoup changer, que je dois prendre soin de ma peau, l'accompagner au mieux dans cette transformation. Je me rends compte aussi qu'à part mon visage, je n'ai jamais accordé d'importance à la peau, particulièrement celle de mon corps. Je commence alors à m'hydrater et à me gommer, j'utilise des rouleaux de massage, des gua sha, et je pratique le brossage à sec. Je veux limiter au maximum la peau distendue, car je vois déjà mes seins se vider et pendre. Je prends enfin le temps de m'occuper de mes varices, je vais voir un·e professionnel·le pour me faire opérer. Il était vraiment temps.

27 avril 2021

J'ai une épiphanie, une illumination ! Mon deuxième livre, ce livre, me coule dans la tête. J'écris toute sa structure et son contenu sur mon téléphone en sortant mon chien. Après mon premier livre sur le développement personnel, la tête, j'ai envie de partager ce que je découvre et apprends sur le corps. J'avais déjà commencé un journal, je le continue pour le partager dans mon livre. Parce que je sais que ce que je traverse, je ne le vivrai plus jamais de la même façon. J'ai envie de partager mes ressentis à chaud. J'ai envie de vérité, de témoignage sur l'instant. Mon deuxième livre est en route...

15 mai 2021

Je traverse une semaine avec le moral en berne. Je dirais même un état dépressif. Ça ne me ressemble pas. Ma coach Manon me soulage de deux séances de sport. Ce break me fait du bien. Après des jours à pleurer, une promenade en forêt me permet de me ressourcer. J'y effectue un nettoyage énergétique et je renoue avec ma spiritualité. Ça me fait immédiatement du bien. Qu'on y croie ou pas, je respire à nouveau. Après une journée tri qui fait autant de bien à mon appartement qu'à ma tête, je commence à véritablement écrire mon livre. Demain, c'est l'heure du bilan de la semaine. Nous faisons un point tous les dimanches. Je dois avouer que le dernier ne m'avait pas fait plaisir, je n'avais perdu que 300 grammes (135,3 kilos) et j'ai ressenti comme une perte de temps. Ce n'est pas tant le poids qui m'embête, mais le sentiment d'avoir « perdu » une semaine. Ça me fait du mal de l'admettre, mais je m'étais habituée à voir l'aiguille de la balance descendre de façon régulière, ce qui fait que je me pose des questions. Je me demande si c'est parce que je n'ai fait qu'une seule séance de sport au lieu de trois.

17 mai 2021

Aujourd'hui, jour du bilan hebdomadaire avec Manon. J'essaie de me convaincre que même si mon poids n'a pas bougé ou a augmenté, ce n'est pas grave. Mais j'espère toujours voir changer la dizaine. Une petite voix dans ma tête me dit : « 134 kilos, même 134,9 kilos... » Je monte sur ma balance et je vois 132,7 kilos. Rush de bonheur, je suis surprise et ça me fait trop plaisir. Je n'en reviens pas !

Ma coach m'explique que beaucoup de choses influent sur le poids. Que ce n'est pas parce qu'il augmente que j'ai fait quelque chose de mal. Il y a un vrai rapport entre les hormones et le poids. Et plus particulièrement l'hormone du stress (physique et mental) : la cortisone. Faire une pause dans mes séances de sport alors que je passais une semaine compliquée mentalement a permis à mon taux de cortisone de baisser. Et donc de favoriser le « déstockage ». J'ai aussi beaucoup marché cette semaine, donc mon NEAT (*Non-Exercise Activity Thermogenesis*, c'est-à-dire l'activité physique du quotidien) était bon.

Bref, je me retrouve sur la balance vraiment très étonnée, car je ne m'attendais pas à ça. Ça fait plaisir, c'est sûr, mais en même temps je ne peux m'empêcher de me dire que l'inverse aurait pu me peiner un peu. Donc j'essaie de tempérer mes émotions et de ne pas laisser ce chiffre dicter mon moral. Je m'arrête un instant pour prendre du recul sur ma réaction. Je me rappelle que le poids n'est qu'une donnée chiffrée, qu'un indicateur. Perdre du poids n'est pas nécessairement une victoire, et en prendre n'est pas nécessairement un échec. Je dois faire un véritable effort pour ne pas laisser les chiffres sur la balance dicter mon humeur. Pour quelqu'un qui ne se pesait jamais avant, c'est un vrai travail sur soi d'essayer de garder de la distance. D'ailleurs, ma coah m'a expliqué qu'elle avait tenté l'expérience de se peser tous les jours à la même heure pendant une semaine. Le résultat variait sans cesse.

Tout ça pour dire que le poids est un indicateur, mais la vraie variable, c'est la perte de centimètres. En effet, on peut ne perdre que de l'eau ou du muscle sans perdre de gras. Et, à l'inverse, on peut peser lourd mais n'avoir que du muscle. C'est d'ailleurs pour ça que l'IMC est peu fiable, il ne prend pas en compte la masse de muscle. Ainsi, une personne en état d'obésité peut avoir le même IMC qu'un grand sportif.

Je dois dire que bien que je voie les centimètres s'envoler, j'ai toujours peur de mal mesurer. Donc je fais un peu plus confiance à ma balance qu'à mes mensurations. Il faudrait que j'inverse la vapeur, ça m'aiderait à me détacher encore un peu plus des chiffres. Je n'ai vraiment pas envie de développer un attachement émotionnel à mon poids, et de voir chuter mon moral quand mon poids stagne. Aujourd'hui, c'est la reprise des séances de sport. J'appréhende un peu en me disant que je vais peut-être avoir du mal à me remettre dans le bain. À suivre.

18 mai 2021

Eh bien finalement, la reprise s'est bien passée ! Rien à voir avec ma séance de la semaine dernière, si difficile et sans motivation. J'ai posté en *Insta story* une petite danse avant pour motiver les gens, j'ai eu plusieurs retours me disant que j'avais fondu. J'avoue que je peine à le voir à l'image. Je dois vraiment faire le jeu des sept erreurs. J'ai peur que mes proches soient déçus et qu'ils ne voient pas trop le changement. Depuis le début, ils me demandent si je perds du poids. Je sens qu'ils sont vraiment heureux pour moi. Je suis contente de leur soutien, mais en même temps un peu triste que la perte de poids soit toujours vue si positivement. Par exemple, quand je suis devenue végétarienne, ils ont d'abord pris ça pour une passade. Et c'était un inconvénient pour me préparer à manger. Alors que là, c'est encore plus compliqué en termes d'alimentation, mais je sens qu'ils le font de bon cœur car « c'est pour la bonne cause ». La société encense tellement la perte de poids.

Finalement, la seule façon pour moi de vraiment me rendre compte de mon changement, c'est à travers les vêtements. Mais même ça, c'est assez étrange, je n'en suis pas certaine. Je me dis qu'ils étaient déjà grands, qu'ils se sont détendus... Et, en même temps, je vois des vidéos de moi avec 20 kilos de plus, j'ai du mal à croire que j'étais comme ça. J'ai l'impression soit que je me voyais toujours plus mince, soit que je m'adapte tellement vite à ma nouvelle image que j'oublie à quoi je ressemblais.

Je me demande si depuis que je suis en état d'obésité, c'est-à-dire à ma vingtaine, je pense, je ne me serais pas perçue plus mince que je ne l'étais. Je n'étais pas grosse à l'école, je n'ai pas subi les moqueries si cruelles des enfants. J'ai grandi avec l'estime de moi d'une personne lambda. C'est peut-être aussi ça qui m'a aidée à ne pas souffrir du regard des autres, à ne pas leur accorder d'importance. Et finalement à aimer mon corps, quel qu'il soit.

19 mai 2021

J'ai mis le doigt sur le mot « liberté ». C'est ce que m'apportent mon changement et ma perte de poids. Je m'aime autant qu'avant. Je m'assume autant qu'avant. Je me montre autant qu'avant. Mais je me sens plus libre. Libre de mes mouvements, libre de bouger, libre de pouvoir m'habiller comme je le veux parce que plus ma taille descend, plus j'ai de choix. Et je sais que, à terme, je serai plus libre d'aller faire ce que je veux. Comme le saut en parachute ou les manèges de parcs d'attractions. Libre !

20 mai 2021

Aujourd'hui, je me suis surprise à penser à avant. Avant que je prenne beaucoup de poids. Je me demande si mon corps est fait pour être plutôt gros ou plutôt mince. Parce que je perds assez facilement, finalement. Quel est mon poids de forme ? Car, adolescente, j'étais mince, j'avais le ventre si plat que ma mère n'en revenait pas. J'ai commencé à prendre du poids quand mon copain de l'époque est parti trois mois en détachement militaire à l'étranger. Choc émotionnel ? Tristesse ? Et depuis mes 16-17 ans, je n'ai pas arrêté de prendre du poids. Dans cette relation, j'ai ensuite pris de mauvaises habitudes alimentaires. J'ai un souvenir très net de gnocchis avec une sauce au fromage et une tonne d'emmental en plus, ainsi que des lardons. J'ai aussi un souvenir très net de pause après les courses au Supermarché, où on s'engloutissait tous les deux des pains au chocolat aux amandes. Deux par personne, je crois. Occasionnellement, admettons, mais quand c'est systématique, ça crée une habitude alimentaire.

D'ailleurs, je n'ai pas souvenir d'avoir déjà reçu des conseils nutritionnels. Que ce soit chez moi ou à l'école. Mes parents ne faisaient pas de la grande cuisine mais c'était bon, simple et rapide, comme beaucoup. Je pense que c'était assez équilibré, que les quantités étaient adaptées. À l'école aussi. J'ai aussi des souvenirs de voler des barres de chocolat dans le placard...

Je pense vraiment que tout a déraillé quand j'ai commencé à vivre avec mon copain de l'époque, avec qui je suis restée six ans. Donc jusqu'à mes 20 ans. Et là, le mal était fait. Je me sentais mal, j'étais dans une relation toxique sans m'en rendre compte. Il me trompait, je m'en doutais. J'ai mis du temps à oser sortir de cette relation. L'alimentation était devenue mon seul vrai plaisir. J'étais alors déjà en gros surpoids, je pense que je devais peser 110 kilos. Ensuite, j'ai arrêté de me peser. Chez le médecin, je disais toujours que je faisais 110 kilos.

Mais quelquefois on m'a pesée, et j'ai souvenir d'un choc en voyant 130 kilos. Et, début 2021, j'ai touché le plafond : 155 kilos. Le 26 mars 2019, la dernière fois que je m'étais pesée, je faisais 136 kilos. Entre 2019 et 2021, j'avais pris presque 20 kilos. C'était une période difficile avec le Covid, les confinements. Je travaillais uniquement chez moi, en sortant très peu. Je n'avais aucune activité physique. Et je passais par des phases où je commandais énormément à manger, en grande quantité. D'année en année, j'avais de plus en plus d'aigreurs d'estomac. Il ne se passait pas un jour sans médicament. Jusqu'à ce que mon corps dise stop, le 27 janvier 2021.

21 mai 2021

J'ai peur d'annoncer à ma communauté que je vais prolonger mon coaching pendant un an. J'ai peur d'expliquer que, maintenant, je veux perdre du poids. Que je veux changer. Changer de corps. Je sais que je vais devoir parler de l'acceptation, du changement positif, rappeler que je m'aimais avant. Prendre des gants. Parce que déjà, la première fois, certaines personnes m'ont accusée d'abandonner les gros, m'ont dit que j'avais changé et que je prônais l'acceptation, mais que finalement j'étais comme les autres. Que j'allais devenir une énième *fit girl*. Et si les gens ne m'aimaient plus parce que je perds du poids ?

23 mai 2021

Réflexion en lien avec ce que j'ai écrit précédemment : est-ce que les gens connus gros ont le droit de perdre du poids ? Est-ce que les acteurs, chanteurs, influenceurs qui ont une certaine reconnaissance en étant gros ont le droit de perdre du poids ?

Et est-ce que les gens connus minces ont le droit de prendre du poids ? L'un comme l'autre ne sont pas bien vus par la société. Pourquoi ?

On ne compte plus le nombre de photos peu flatteuses, dans les magazines à scandale, avec des avant/après de stars en maillot de bain. Prendre du poids, c'est se laisser aller. Et pire, c'est ne plus respecter son « public », qui vous connaît mince.

Perdre du poids quand on est connu·e en étant gros·se est également vu comme une trahison. D'abord, il y a l'abandon des gros, les gens qui se rassurent en regardant d'autres plus gros, et puis l'habitude de l'image de cette star grosse. Enfin il y a la société, qui aime tout simplement voir les gens rester dans leur case. Déjà qu'être reconnu·e en étant gros·se n'est pas facile, alors quand on y arrive, on a intérêt à rester gros·se. Parce qu'être gros·se devient un aspect à part entière de notre réussite.

Très souvent, les actrices grosses vont avoir des rôles d'amie moche et/ou drôle, ou jouer dans des films qui font des avant/après. Les hommes gros vont souvent être drôles ou dégoûtants/pervers.

Pour les chanteurs et chanteuses, on aura tendance à davantage parler de leur poids et de leur implication dans la cause des gros que de leur talent.

Bref, être gros·se et connu·e, c'est souvent être connu·e pour être gros·se. Et être connu·e en étant mince, c'est la norme. En sortir, c'est faire une croix sur sa carrière.

28 mai 2021

Depuis mes 23 ans environ, je ne porte plus de pantalon. Je n'arrivais plus à en trouver qui m'aillent vraiment. Soit c'était trop grand à la taille, soit trop petit aux fesses. Et puis je n'étais pas bien dedans, ça me serrait au ventre. Et je ne me trouvais pas jolie dedans. Bref, j'ai décidé d'arrêter de m'imposer ça, et j'ai misé sur les jupes et les robes, que j'adore et qui me font me trouver jolie. La seule chose que je porte qui se rapproche du pantalon, c'est le legging. Je le porte noir, chez moi, avec un T-shirt pour être confortable. Et puis, en achetant quelques vêtements de nécessité à la suite de la perte de mes 20 kilos, j'ai acheté un legging imitation jean. Et là, je me rends compte qu'en fait j'ai envie de porter des pantalons. J'ai envie de jeans. J'adore cette nouvelle pièce. On dirait vraiment un jean slim. Je me sens à nouveau libre de porter tout ce que je veux. Et je me rends compte que, sans le conscientiser, je m'étais empêchée de le faire. Mais c'est aussi la société qui m'en a empêchée. Si j'avais trouvé des pantalons bien coupés pour ma morphologie, peut-être que je n'aurais jamais arrêté d'en porter. Peut-être que, dans un jean bien coupé, je me serais trouvée jolie.

Aujourd'hui, je ne suis pas encore prête à essayer des « vrais » pantalons. Je sais néanmoins que je le ferai quand mon corps aura changé un peu plus… Mais, entre-temps, j'ai commandé un autre legging jean !

30 mai 2021

Fin de mon troisième mois de coaching. Je pèse un peu moins de 130 kilos. J'ai acheté un vrai jean. Un vrai jean ! Je le reçois demain. J'espère qu'il va m'aller. Ce serait un beau cadeau de fin des trois mois ! S'il est trop petit, ce n'est pas grave, je le garderai pour plus tard. C'est l'avantage de savoir que je vais perdre du poids. Et pas d'espérer. Je SAIS que je rentrerai dedans cette année. Du coup, j'ai moins peur d'acheter des vêtements trop petits. En revanche, je m'étais dit justement que je n'allais pas trop en acheter puisque je ne pourrai plus les mettre d'ici trois à six mois, mais je ne peux pas m'en empêcher. J'ai commencé par acheter des choses vraiment essentielles, comme des sous-vêtements. Et puis, en jetant ce qui ne m'allait plus, je me suis rendu compte que je n'avais plus beaucoup de T-shirts... Bref, je suis contente d'acheter de nouveaux vêtements qui me vont vraiment, et pas seulement de porter des choses trop grandes ceinturées.

J'ai toujours aimé mon corps. Je l'aime aussi avec 20 kilos de moins. Est-ce qu'on peut dire qu'on se trouve jolie après, mais qu'on se trouvait déjà jolie avant ? J'ai peur que ma communauté ait du mal à l'entendre et à le comprendre. Et je vais enfin annoncer que je continue mon coaching...

6 juin 2021

C'est drôle comme, dans un livre sur le corps, je n'ai pas pensé à aborder la sexualité tout de suite. Il aura fallu un souvenir qui réveille en moi un ancien trauma pour que je saisisse toute l'importance de l'inclure ici. La sexualité. Partager son corps avec les autres. Montrer son corps, le bouger, accepter qu'il soit découvert, touché, embrassé, caressé... Ce n'est pas quelque chose de facile, car c'est se mettre dans une position de vulnérabilité. Un peu comme une carapace, on enlève ses vêtements. Plus rien ne nous protège du regard de l'autre. Nous nous offrons mutuellement nos corps dans un moment intime de confiance mutuelle. Le sexe ne devrait jamais se pratiquer sans un minimum de confiance, sans respect de l'autre et sans consentement total.

Malheureusement, ce n'est pas toujours le cas. Sans parler de cas extrêmes, beaucoup de personnes se sont déjà forcées à pratiquer un acte sexuel alors qu'elles n'en avaient pas envie. En tant que femme cis, je sais que nous sommes nombreuses dans ce cas. Cela peut sembler anodin parfois, comme simplement dire oui alors qu'on pense non. Vouloir faire plaisir et se forcer. Accepter une pratique qu'on n'aime pas. Ou simplement ne pas se sentir considéré·e pendant l'acte. Avoir l'impression d'être forcé·e, par l'autre ou par soi.

Se respecter, s'aimer, c'est aussi savoir dire non. Poser ses limites permet d'instaurer des rapports sains avec les autres. Il faut commencer par connaître son corps, son plaisir et ce qu'il n'aime pas. Pour ensuite pouvoir partager ses connaissances avec ses partenaires et faire en sorte que le sexe soit un vrai moment d'échange et de plaisir pour tous. Se forcer, ne rien dire, subir, c'est créer une blessure dans son corps et dans son âme. Une blessure de violence, de viol. Ces blessures s'ancrent profondément dans notre être et se réveillent à chaque instant où l'on aurait dû dire non. Pour commencer à les panser, commençons à dire non.

19 juin 2021

J'adore faire du sport. Je n'aurais jamais cru dire ça un jour... Mais le fait est que tous les matins où je pratique mon renforcement musculaire, je passe ensuite une bonne journée. Je me sens bien dans ma tête, car je suis fière et j'ai un *boost* de confiance en moi. Et je me sens véritablement bien dans mon corps au sens propre. Physiquement, je ressens du bien-être. Et pas uniquement juste après le sport avec le pic d'endorphines. Mais littéralement tout au long de la journée. C'est vraiment un BONHEUR !

21 juin 2021

Sortie de l'obésité morbide. Entrée dans l'obésité sévère. L'IMC ne veut pas dire grand-chose quand on sait qu'il ne prend pas en compte la différence de masse entre le muscle et la graisse : un boxeur poids lourd a le même IMC qu'une personne en obésité morbide. Donc, comme pour le poids qui ne distingue pas muscle et gras, c'est un indicateur et pas une mesure unique fiable. Cumulez les indicateurs et vous obtiendrez une tendance : poids + IMC + mensurations + taille + sexe.

Pour ma part, je sais que je suis obèse. Mais j'avoue que le terme « morbide » m'a toujours semblé très lourd. Certes, le risque de maladies cardio-vasculaires est très important, ainsi que le risque de blessures, celui d'abîmer ses articulations, etc. Mais j'ai croisé un jour le terme « massive », et j'ai trouvé cela plus juste et moins dans le jugement.

Toujours est-il qu'aujourd'hui je change de case. Je suis devenue une obèse sévère.

2 juillet 2021

Fin de mon quatrième mois de coaching. Est-ce que je vois vraiment mon corps changer ? Est-ce que je le vois tel qu'il est chaque jour ? Tel qu'il était il y a un mois, ou tel qu'il était avant que je commence mon coaching ? Est-ce que je le vois avec 30 kilos de plus ? Oui, parce que ça y est, j'ai perdu 30 kilos depuis février. C'est énorme. Mais quand on pèse 155 kilos, ça paraît « moins ». Du coup, je ne sais pas comment je me vois. Est-ce que je me voyais aussi grosse que j'étais ? Est-ce que je me vois plus mince que je ne suis ? Comment se voit-on en général ? Je pense qu'il est très difficile d'avoir une perception honnête de son corps. On est forcément tous marqués par notre éducation, la société, nos changements.

Son reflet est souvent un peu biaisé par le regard. Beaucoup de gens se trouvent trop ci ou pas assez ça. Même si les autres leur disent qu'ils sont parfaits. Je suis convaincue qu'un top model n'est jamais satisfait de son image. Alors comment sortir de ce schéma et se voir ? Je pense qu'il faut commencer par vraiment se regarder. Souvent, en entier, le visage, les parties de son corps, nu·e et habillé·e, coiffé·e et au réveil... Plus on se regarde avec curiosité et bienveillance, plus nos yeux se désembrument.

4 juillet 2021

Depuis quatre mois, j'ai augmenté mon NEAT (*Non-Exercise Activity Thermogenesis*) qui consiste simplement à accroître son activité non sportive : bouger plus au quotidien. Pour moi, ça passe par des balades plus longues avec mon chien (qui est ravi !). Et, il y a quatre jours, j'ai acheté un bracelet connecté pour vraiment connaître mon nombre de pas. Ça m'a donné envie de me lancer dans un challenge : 10 000 pas par jour ! Pour l'instant j'explose le plafond ! Ça me donne encore plus de motivation !

Justement, parlons motivation. Je me suis rendu compte que plus on bouge, plus on a envie de bouger. Et, à l'inverse, moins on bouge, moins on veut bouger. Autrement dit, en faisant mes trois séances de renforcement musculaire par semaine et ma marche, ça me donne de l'énergie ! J'aurais cru que ça me viderait plus qu'autre chose, mais c'est l'inverse. Non seulement j'ai envie de bouger plus, de sortir plus, mais ça me donne aussi la motivation d'entreprendre ! Grâce au sport, je donne un coup de pied aux fesses à ma procrastination, qui l'aurait cru ?!

En plus de gagner en motivation, je gagne en confiance en moi. Je suis fière d'y arriver, fière de progresser. Je n'aurais jamais cru ça non plus ! En faisant du sport, je me sens plus épanouie physiquement et mentalement. Je me sens mieux dans mon corps au sens propre. Je me sens plus libre, plus légère.

Bref, jamais de ma vie je n'aurais imaginé que ces mots sortiraient de moi ! C'est clairement une nouvelle prise de conscience !

4 août 2021

Fin du cinquième mois de coaching. Ça fait un mois que je n'ai pas écrit parce que j'ai vraiment commencé à m'habituer à ce nouveau rythme. Mon rééquilibrage alimentaire me paraît tout à fait naturel, mon sport est réglé comme une horloge, ma perte de poids également. Je perds environ 1 kilo par semaine, parfois 500 grammes, parfois 2,5 kilos. Tout s'équilibre, sans aucun stress des chiffres. Alors je laisse couler, et je vois que la fin de la première moitié de coaching approche...

D'ailleurs, j'ai réservé un vol en parapente pour fêter les six mois ! C'est symbolique car je me suis fixé comme objectif de sauter en parachute à la fin des un an. La limite de poids pour le parapente est de 120 kilos, je pèse alors 118 kilos... C'est parti !

16 août 2021

Je l'ai fait ! J'ai volé en parapente ! Contre toute attente, je n'ai pas eu peur, c'était doux et j'ai souri pendant tout le vol ! Je suis super-heureuse d'avoir pu le faire. Je n'aurais jamais cru ça possible ! Merci au parachute ascensionnel que j'avais pu pratiquer à Monaco, et qui m'a ouvert la voie. Dans cette activité, le poids est limité à 240 kilos, dans mon souvenir. Ma perte de poids me rend vraiment la vie plus légère au sens figuré. Je me sens plus libre, j'ai vraiment un bâton en moins dans les roues… Je ne fais plus autant attention aux chaises sur lesquelles je m'assois, je trouve des jeans qui ne bâillent pas à la taille, je suis plus à l'aise quand je dois m'asseoir dans un transport en commun à côté de quelqu'un… Je me rends vraiment compte à quel point j'avais pris l'habitude de composer avec mon poids et mon corps. Et je vois à quel point ça comportait des inconvénients. C'est malheureux, mais le monde n'est pas fait pour les gens qui sortent de la norme. On doit tout le temps faire attention, s'adapter, demander si on peut accéder aux mêmes endroits que les autres, s'il y aura assez de place, s'il faut utiliser une place spéciale ou une rallonge de ceinture… Quelque part, c'est un handicap. Alors je n'imagine même pas à quel point le monde n'est pas adapté aux personnes malvoyantes ou malentendantes, en fauteuil roulant… Quand on est différent·e, il faut s'adapter car ce n'est pas le monde qui le fera. Dans ma transformation, c'est comme si mon handicap s'amenuisait petit à petit. Comme quand on est malade, sans énergie, et qu'un jour après l'autre on commence à récupérer. On se rend compte que tout devient plus facile, on réalise la chance qu'on a de simplement être en vie et en bonne santé. C'est souvent quand on perd ou qu'on retrouve quelque chose qu'on réalise son importance. Je suis vraiment en plein dans cette prise de conscience. Au final, c'est quelque chose qui est difficile à dire et à entendre, mais c'est plus facile de ne pas être gros. Je pense vraiment que les gens qui ont une morphologie dite « normale » ont la vie plus facile. Et, forcément, ils ne s'en rendent pas compte, pour la plupart, car ils n'ont jamais été obèses.

J'ai la chance de réussir à perdre du poids relativement facilement et rapidement. Bien que je ne sache pas ce que l'avenir me réserve, je suis déjà reconnaissante. Même si tout devait s'arrêter aujourd'hui, si je devais rester à 114 kilos. Je profite déjà beaucoup plus qu'auparavant de tout ce que la vie peut m'apporter. Ne serait-ce que pour le parapente… Parce que c'est bien ça mon moteur : profiter de la vie pleinement. Pouvoir faire tout ce dont j'ai envie, sans avoir à me dire que mon corps va m'en empêcher.

23 août 2021

Depuis quelques jours, je regarde mon corps et je le trouve gros. Pourtant, j'ai perdu 40 kilos. Ce n'est pas négatif du tout, avant aussi je le trouvais gros, et ça ne m'empêchait pas de me trouver belle. Aujourd'hui aussi, je me trouve belle. Mais c'est déjà arrivé, les mois précédents, que je voie mon reflet en me disant que j'étais vraiment plus mince. Aujourd'hui, quand je compare avec mes anciennes photos, je trouve mon nouveau corps très fin. Mais quand je ne me compare pas avec avant, je le trouve gros. Je sais qu'il est moins gros qu'avant. Mais mon regard s'est tellement habitué à ce nouveau corps qu'il ne voit plus l'ancien. C'est comme si quelqu'un me rencontrait aujourd'hui. Je me vois avec un regard neuf, et je vois que mon corps est gros. Évidemment qu'il est gros, je pèse 114 kilos pour 1,80 mètre, j'ai du ventre, des fesses, des cuisses, des bras… Mais je me demande comment je me verrai à la fin d'un an de coaching. Mon seul objectif est de pouvoir sauter en parachute, et donc de peser 90 kilos (poids maximum pour un baptême en duo). Potentiellement, si j'y arrive, selon l'IMC je serai encore en surpoids. Je sais bien que l'IMC, comme le poids, n'est qu'un indicateur qui ne se suffit pas à lui-même. Mais, du coup, je me demande si je me verrai comme mince ou comme ronde. C'est de la pure curiosité, parce que ça ne définit pas l'amour que je me porte. Je suis juste intéressée par mon regard qui essaie de suivre la transformation de mon corps.

25 août 2021

Quand je pourrai m'habiller dans n'importe quel magasin, qu'est-ce que je choisirai de porter ? Mon style va-t-il changer ?

Je n'ai jamais été à la mode. Mais, depuis que je suis ado, j'ai toujours aimé être coquette. Cependant, je n'avais pas encore trouvé « mon style ».

En prenant du poids, je me suis rendu compte que mon choix était réduit aux rayons « grandes tailles ». Et il était également réduit par ce que je jugeais joli sur moi. Je choisissais des vêtements qui me mettaient en valeur à mes yeux, dans lesquels je me trouvais belle. Je flattais ma silhouette avec des pièces comme les jupes évasées et les robes taille empire ou style années 1950. Mon style s'est défini ainsi, jusqu'à ne plus porter de pantalon.

Aujourd'hui, je me demande si et comment mon style va évoluer. En perdant des tailles, je vais me retrouver dans les rayons standard. Je vais donc avoir plus de choix. Pendant que mon corps change, je retrouve aussi l'envie de porter des pantalons, et je les trouve mieux ajustés sur cette silhouette. Ça me plaît mieux. Mais est-ce que c'est vraiment à moi que ça plaît mieux ? ou à la société ? Je me demande si me trouver jolie dans tel ou tel vêtement n'était finalement pas implanté par des croyances du type « les gros·ses ne doivent pas porter de vêtements moulants ». Et, en même temps, quand je vois une femme grande taille en jean, j'adore ! Aimer sur les autres mais pas sur soi. Une forme de désamour ? De regard biaisé ? Beaucoup de questions suscitées par un changement de taille...

Deuxième réflexion du jour : je ne sais toujours pas à quoi je ressemble. Entre dix femmes et dix morphologies différentes, je ne saurais pas retrouver la mienne. Je me surprends à regarder des femmes dans la rue, et à me demander si je suis comme elles. J'ai beau avoir des photos de moi, je n'arrive pas à visualiser comment les gens me perçoivent et de quoi j'ai l'air. C'est perturbant. J'aimerais demander à mes proches, quand je me balade : « Est-ce que je suis comme elle ? » Mais je n'ose pas.

21 septembre 2021

Le body positif considère que tous les corps sont beaux. Qu'on doit aimer son corps comme il est. Qu'on doit traiter son corps comme celui de son ou sa meilleur·e ami·e. Qu'il faut réussir à s'accepter.

La body neutralité invite à se concentrer sur ce que notre corps fait pour nous au lieu de son apparence. On ne cherche pas à se mettre en valeur mais juste à être confort et bien. On prend soin de son corps même si on ne l'aime pas.

Dans les deux cas, il s'agit de regarder son corps avec bienveillance et amour. Finalement, chacun fait ce qu'il peut, s'aimer n'est pas facile. Parfois même, une vie ne suffit pas. L'injonction de l'acceptation peut frustrer certaines personnes. Alors, laissons chacun faire la paix avec son corps, dans les termes qui lui sont propres.

Aujourd'hui, je me pose la question du regard des personnes body positives et grosses sur moi. Je me demande si elles comprennent ma démarche de perdre du poids pour vivre pleinement et me sentir plus libre. C'est mon choix et mon corps. Tout le monde devrait le respecter, tout comme je respecte les choix et les corps de chacun. Les personnes qui changent leur esthétique ont tendance à être jugées comme superficielles. On va leur dire « mais non, tu es très bien comme ça ! » ou « Il va falloir arrêter maintenant ». Une voisine m'a dit que j'allais devenir anorexique. J'ai dû lui rappeler que je pesais encore plus de 110 kilos, pour que, méfiante, elle me dise que ça ne se voyait vraiment pas. Dans un sens ou dans l'autre, en étant gros·se ou en perdant du poids, pourquoi trouve-t-on toujours à redire ?!

28 septembre 2021

Ça fait sept mois que je me transforme, je pèse maintenant 108 kilos. Je ne me rappelle pas avoir pesé moins de 110 kilos depuis mes 20 ans. Après discussion avec ma mère, il ressort qu'à 16-18 ans, je pesais 100 kilos. Elle m'a remémoré un souvenir enfoui, d'un rendez-vous chez le gynécologue, sûrement traumatique. Elle voulait trouver une raison à ma prise de poids, peut-être était-ce hormonal ? Quand la gynéco m'a pesée, la balance a affiché 100 kilos. Et visiblement, en sortant du cabinet, j'ai pleuré. Aucun souvenir. Mon cerveau a dû juger bon de me protéger de cet instant. Ma mère m'a dit que je ne m'attendais pas à voir trois chiffres sur la balance.

Pour en revenir à mes 108 kilos du jour, je me dis que je suis à 8 kilos de peser mon poids d'adolescente. Ça fait tout drôle. Je ne pense pas avoir du tout le même corps qu'à mes 16 ans. Mais je n'en ai pas de souvenir net. Je me souviens juste de mon ventre plat à 14 ans, de mes bras gonflés en prise de poids vers mes 18 ans. Comme si mon corps n'était pas important. Je ne me pesais quasiment jamais. Aussi bien en étant mince qu'en ayant pris du poids. J'ai toujours eu un rapport au corps assez distant, finalement. Tant qu'il ne m'embêtait pas, nous étions bons amis. Mais je ne m'en occupais pas vraiment non plus.

Dans la même lignée, quand j'ai dit à mon chéri que je pesais 108 kilos, et que ce n'était pas arrivé depuis longtemps, il m'a demandé : « Mais alors, tu es plus mince que quand je t'ai rencontrée ? » J'ai trouvé cette question intéressante, car elle montre bien que lui non plus ne se souvient pas vraiment de mon corps d'il y a dix ans.

Parfois, sachant avoir pris beaucoup de poids depuis notre rencontre, ça m'est arrivé de me demander si ça le gênait. Je sais qu'il m'aime, peu importe mon corps, mais je me suis dit que je pouvais être un peu moins désirable qu'avant à ses yeux. C'est un sujet que je n'ai jamais osé aborder avec lui, par peur de sa réponse. Et je ne l'ai toujours pas fait à ce jour. Peut-être quand il lira ces lignes... Mais j'ai toujours senti qu'il était séduit par mon corps, peu importe son poids. Je sens aussi aujourd'hui qu'il est encore plus séduit qu'avant. Je retrouve un peu nos échanges d'il y a dix ans, il me dit plus souvent que je suis belle, il me touche davantage le corps. Je pense que c'est aussi lié à mon aisance et à ma confiance dans ce nouveau corps. Je dois, inconsciemment ou pas, le laisser plus amplement me voir et me toucher.

Bref, je suis en route pour retrouver mon poids d'ado, et je n'aurais jamais cru ça possible ! Mais ce que je trouve intéressant, c'est que je sais que je ne retrouverai jamais mon corps d'adolescente, il a tellement vécu et changé ! Et c'est tout à fait OK pour moi. D'ailleurs, mon corps d'ado n'a jamais été un « body *goal* » pour moi. Ce qui est passé est passé, et je n'ai jamais rêvé de le retrouver.

J'ai la chance d'avoir vécu une adolescence mince. J'étais très grande, donc on se moquait de moi pour ça. Mais la « grande perche » était fine, avec un ventre plat et des seins déjà bien présents. Je n'ai donc jamais vécu de « grossophobie » à l'école. Je m'en estime extrêmement chanceuse, car je vois bien les ravages que cela peut faire, et les cicatrices qui restent parfois très longtemps à vif. Dans mon souvenir, j'ai commencé à prendre du poids au lycée, et je n'ai jamais entendu de remarque déplacée.

Ce qui est drôle, c'est qu'aujourd'hui, avec mes 108 kilos, je me sens mince ! Alors que, pour toute personne qui ne connaît pas mon histoire, je suis grosse. Enfin je crois. C'est difficile de me rendre compte du regard extérieur. Mais quand je faisais 110 kilos, on me disait que je pourrais être mannequin grande taille. Donc c'était évident que j'étais grosse. Est-ce que j'ai le même corps aujourd'hui ? Car certes je pèse 108 kilos, mais je fais du sport qui me muscle, aussi. Avant, j'avais moins de muscle. Et le poids ne différencie pas l'un de l'autre. Donc je ne sais pas si finalement je parais plus mince ou pas. La perception de soi et celle des autres sont très difficiles à exprimer.

11 octobre 2021

Pour la première fois, j'ai repris du poids. 700 grammes de plus que la semaine dernière. Eh bien, j'étais déçue. Ma coach m'a expliqué que c'était dû à un manque de fibres sur le week-end (à Londres avec une amie). Et, deux jours plus tard, j'ai récupéré le même poids que la semaine précédente. C'est incroyable, le corps et son fonctionnement. Et ça m'apprend aussi à me détacher encore et toujours des chiffres.

16 octobre 2021

Est-ce que les gens me traitent différemment depuis que j'ai perdu plus de 40 kilos ? J'ai l'impression que oui. Pas tous, mais certains sont jaloux, d'autres sont fiers, d'autres encore me préfèrent comme ça. Je sens aussi que les inconnu·e·s sont plus gentil·le·s, ils·elles jugent moins. Je trouve ça affolant que le poids d'une personne puisse influer sur la façon de la traiter.

28 octobre 2021

Quand je me suis pesée la semaine dernière, c'était le premier jour de mes règles, et j'avais pris du poids. Au final, je me rends compte qu'après sept mois à perdre 5 kilos par mois je me suis habituée à cette normalité. Et je me suis retrouvée perdue quand tout a changé ce huitième mois. Au point d'accorder trop d'importance à la balance. Et à me peser deux fois dans la semaine. J'ai du travail à faire sur le détachement avec les chiffres. Je dois me rappeler que ce ne sont que des indicateurs parmi d'autres, qu'ils ne sont pas là pour valider ma démarche.

Aussi, depuis plusieurs semaines, j'ai délaissé ma spiritualité. Je ne médite plus, j'écris à peine. Le temps, pour moi, se résume à des balades, des proches et des écrans. Mais plus vraiment POUR MOI. Aujourd'hui, je reprends les choses en main car je sais que mon équilibre corps-âme-esprit est très important. J'ai procédé à un nettoyage énergétique ce matin, qui m'a fait beaucoup de bien. Je dois garder cet équilibre pour me sentir sereine.

J'en parle à ma coach, qui m'apaise et me dit que tout est normal, que le corps n'est pas un robot et qu'on traverse tous des phases de stagnation et de prise de poids. Ce peut être dû au stress, à la fatigue, à la charge mentale. Et en ce moment, mon cerveau fonctionne à fond ! Elle m'explique aussi que les cycles féminins influent énormément sur notre corps et notre poids. Et elle souligne l'importance de prendre soin de mon mental autant que de mon corps. Je me suis pesée à nouveau deux jours après, par curiosité, et j'avais perdu un kilo. Le corps est incroyable.

31 octobre 2021

C'est la fin du huitième mois de coaching, et j'ai annoncé sur les réseaux que j'avais perdu 50 kilos. Cinquante kilos, plus de cinq packs de bouteilles d'eau. C'est fou et je réalise à peine !

En même temps, c'est le mois où j'ai le moins perdu depuis le début : 3,1 kilos. J'ai un sentiment d'échec, d'avoir perdu du temps. Je sais que je ne suis pas une machine, que beaucoup de choses entrent en ligne de compte dans la perte de poids, et que ce n'est pas linéaire. Je sais que c'est normal de stagner parfois, de ralentir. Mais moi, je vois mon objectif des 90 kilos en mars (le poids maximal pour sauter en parachute). J'espère pouvoir l'atteindre. Si ce n'est pas le cas, je continuerai le coaching. Mais je serai un peu déçue de ne pas avoir atteint l'objectif dans les temps. Le fait que je fasse ça publiquement sur mes réseaux me met aussi un peu de pression. Comme une obligation de résultat. J'essaie de prendre du recul, mais c'est plus facile à faire quand les résultats sont là !

7 novembre 2021

Cette semaine, je n'ai pas fait de sport, j'étais épuisée. J'ai compris qu'il me fallait une routine qui me fasse passer en premier. Alors c'est ce que j'ai mis en place. Je prends du temps pour moi, pour méditer, me préparer à manger, me masser. Et j'ai fait à nouveau plein de shopping, j'achète des choses que je n'aurais pas essayées avant. Des vêtements plus moulants que je n'aimais pas sur moi avant. Je me vois remettre des choses que j'aimais sur mon corps d'adolescente.

15 novembre 2021

Bilan de la semaine : moins 2,2 kilos ! C'est fou ! Je sentais, cette semaine, que j'avais un peu perdu. C'est difficile à expliquer, mais je remarque plus de zones de creux, je sens plus mes os, mon visage a l'air plus fin...

Le fait est que je pèse maintenant 102,1 kilos. Et que j'ai très hâte de passer sous la barre des 100 kilos ! C'est un palier purement symbolique. Mais ne plus voir trois chiffres sur la balance, ça ne m'était pas arrivé depuis mes 16 ans, je crois... Je nourris l'espoir secret de réussir à finir ce mois de novembre à 99 kilos.

Sinon, j'ai bien réussi à mettre en place cette routine où je passe en premier ! Je médite, je lis, j'écris. Je prends le sport comme du temps pour moi, et pas comme une tâche à effectuer. Je prévois toutes les semaines un restaurant. Je fais passer le travail après. J'ai même dégagé le vendredi pour ne presque pas travailler. C'est devenu vendredi sans réseaux ! Ça me fait beaucoup de bien !

Et je me couche plus tôt en ce moment aussi : 22 h 30. Je me réveille en superforme ! Ça fait du bien de retrouver un bon équilibre !

2 décembre 2021

Bilan du neuvième mois ! Tout continue à ralentir, mon corps prend ses marques. J'affiche 100,7 kilos sur la balance. Bientôt les deux chiffres. Ça ne veut rien dire, mais en même temps ça va sûrement me faire quelque chose…

J'apprends toujours plus que mon corps n'est pas une machine, que les mois ne se ressemblent pas.

J'apprends aussi à connaître ma nouvelle silhouette ; parfois j'ai l'impression d'avoir toujours été ainsi, c'est fou comme on s'habitue à tout.

Et puis, surtout, je savoure ma liberté retrouvée de m'asseoir sur une chaise sans craindre qu'elle cède. J'ai hâte et peur en même temps de reprendre l'avion. Et si mes hanches coinçaient toujours ?

Ce neuvième mois, c'est clairement un accouchement. J'ai fait de nouveau du tri dans mon armoire et il ne me reste quasiment plus aucun vêtement qui m'allait il y a neuf mois. J'essaie au maximum de les faire durer, mais, avec presque 55 kilos en moins, ceinturer ne suffit plus !

J'ai aussi commencé à faire du shopping en magasin et rayon standard. Je fais du 44-46 maintenant. Ça fait bizarre. Je suis un peu perdue avec les tailles. Systématiquement, je me dirige vers la plus grande taille. J'essaie un XL : trop grand. Un L : trop grand. Un M : c'est bon. « Mais c'est bizarre, non, que je puisse mettre une robe en M ? » Les vêtements doivent tailler grand. Voilà ce que je me dis. Il y a quinze ans de réflexion grandes tailles à redéfinir dans ma tête.

En tout cas, je m'estime heureuse que mon rapport à mon image soit toujours aussi bienveillant. Après tout, j'aurais pu préférer mon corps d'avant bien rempli, plutôt que ce corps plus fin mais plus distendu. Je me souviens même l'avoir dit à mon chéri avant de commencer : « Imagine que je me trouve moche après ? Alors que je me trouve belle maintenant ! »

19 décembre 2021

Quatre-vingt-dix-neuf kilos. Première fois que je vois mon poids passer à deux chiffres sur la balance, ça faisait depuis mes 18 ans que ce n'était pas arrivé ! C'est plus symbolique qu'autre chose, évidemment. Mais je ne peux pas nier que ça fait quelque chose.

26 décembre 2021

J'ai repris du poids : 800 grammes. Ça monte et ça descend en ce moment. Ça fait bizarre, mais c'est normal, je l'ai bien compris maintenant. La perte de poids n'est pas linéaire. On peut prendre du poids en dormant mal, avec ses règles, avec une digestion difficile, avec le stress... Ça ne veut pas dire qu'on a fait quelque chose de mal. C'est OK de prendre du poids même quand on veut en perdre. Le corps n'est pas un robot.

2 janvier 2022

Bilan du dixième mois.

2021, pour moi, c'était l'année de la transformation ! Il me reste encore deux mois et j'aurai terminé un an de coaching ! Je n'aurais jamais cru ça possible !

Je pèse actuellement 97,5 kilos. J'ai perdu 52,2 kilos depuis le début du coaching en mars 2021, et 57,6 kilos en tout depuis février, quand j'ai commencé un rééquilibrage seule.

Côté mensurations, j'ai perdu, depuis mars, 1960 centimètres de tour de taille, 26 centimètres de tour d'épaules, 20 centimètres de tour de cuisses, 17 centimètres de tour de bras, 8 centimètres de tour de mollets. Ces chiffres sont fous !

Petite parenthèse sur ce mois de fêtes que j'ai très bien vécu ! Je me suis fait plaisir, sans frustration ni privation. J'ai mangé sans compter, je me suis un peu lâché la grappe sur les chocolats. Et j'ai refait un point pour voir un peu où j'en étais la dernière semaine. Je manquais de protéines et je ne mangeais pas assez, finalement. Donc j'ai repris les bonnes habitudes pour rééquilibrer mon alimentation.

Autre chose importante, j'ai vraiment lâché prise sur le fait d'avoir parfois besoin de ne pas faire mes séances de sport. Quand je suis fatiguée, quand j'ai mes règles, que je suis triste ou que j'ai trop de charge mentale. C'est OK de ne pas faire mes trois séances par semaine. Ça ne va rien changer de faire une pause d'une semaine ou d'un mois. Ce qui compte, c'est que ne pas faire mon sport soit l'exception, et pas la règle.

Et puis j'adore encore plus marcher ! Je sens que quand je bouge moins que d'habitude pendant plusieurs jours, mon corps a besoin de « se défouler ».

Je me sens bien, équilibrée, je prends du temps pour me reposer, je fais passer mon bien-être en premier, même quand je manque de temps !

9 janvier 2022

Je pèse 96 kilos, et je ne suis plus obèse d'après l'IMC. Je suis passée en surpoids. Je ne suis plus obèse. Ce mot ne fait plus partie de moi. Ce n'est plus mon identité. Pour autant, je ne me considère pas comme une ex-obèse. Comme si, tant que mon coaching n'est pas fini, ce n'était pas vrai. Ça va prendre du temps, je pense. Mais je suis sortie de l'obésité. Aujourd'hui.

17 janvier 2022

Saut en parachute : réservé !

J'ai trouvé un centre de saut qui accepte à partir de 95 kilos et avec un IMC en dessous de 30. C'est mon cas. Je peux donc d'ores et déjà sauter ! Même si je garde mon objectif de 90 kilos pour être plus à l'aise, je sais que je pourrai sauter. Du coup, j'ai réservé ! Si la météo le veut bien, je sauterai le dimanche 15 avril vers 15 h 30…

19 janvier 2022

En ce moment, j'ai mal à mes varices aux cuisses. Je crois que c'est depuis que j'ai augmenté les charges sur mes soulevés de terre (exercice de renforcement musculaire). Je suis arrivée à porter 20 kilos ! Mais, avant, je n'avais plus mal. Je vais redescendre un peu. De toute façon, je sais que je dois me faire opérer de mes varices. J'attends la fin du coaching, car j'ai l'impression que de nouvelles varices apparaissent au fur et à mesure que je perds du poids.

La santé, c'est tellement important. Je le vois notamment avec mes proches qui ont de plus en plus de douleurs, de soucis. On se dit parfois qu'on profitera à la retraite, mais c'est souvent le moment où le corps commence à montrer des signes d'usure et de fatigue. Profitons toute notre vie, prenons soin de notre vaisseau !

31 janvier 2022

Bilan du onzième mois.

Fin du onzième et avant-dernier mois de coaching ! Ça sent la fin ! Bientôt, j'aurai terminé mon année de coaching, je n'en reviens pas !

Ce mois-ci, j'ai fait une pause de deux semaines sans séances de renforcement musculaire, parce que j'avais besoin de repos. J'ai vraiment senti que mon corps ne voulait pas. Qu'il avait besoin de lenteur et de douceur. Alors je les lui ai offertes.

Je m'écoute de plus en plus, je sais distinguer la fatigue de la flemme. Je sais aussi distinguer le besoin de l'envie. Et j'ai compris que mon énergie est cyclique. C'est comme si je ne faisais qu'une avec moi-même, enfin...

En ce moment, je me couche à 22 h 30. Je dors beaucoup. J'ai instauré de nouveaux rituels matin et soir pour prendre soin de moi. Je sens que j'ai besoin de me retourner vers mon intérieur pour mieux donner ensuite.

J'ai commencé à parler à ma coach de la suite. Je pense arrêter le coaching et continuer toute seule. Je veux voir si j'en suis capable, si je garde mon équilibre et mes bonnes habitudes. Je veux aussi voir jusqu'où mon corps est confortable d'aller. Je n'ai pas d'objectif de poids, juste de la curiosité.

Données chiffrées :
- Je pèse 92,9 kilos, je pesais 155,1 kilos. Je mesure 1,80 mètre.
- J'ai perdu 4,6 kilos ce mois-ci.
- J'ai perdu 62,2 kilos depuis février 2021.
- Depuis mars 2021, j'ai perdu 61 centimètres de tour de taille, 29 centimètres de tour d'épaules, 22 centimètres de tour de cuisses, 18 centimètres de tour de bras, 9,5 centimètres de tour de mollets.

6 février 2022

Bilan de la semaine, je n'ai pas perdu un gramme ! Mais j'ai perdu 2 centimètres de tour de taille. Le poids du muscle versus celui de la graisse. Ça démontre encore une fois combien s'attacher uniquement au poids peut être trompeur. Le fait est que j'ai quand même cet objectif de 90 kilos dans la tête. J'espère y arriver d'ici la fin de ce mois-ci. On verra bien !

En tout cas, je vis clairement mes dernières semaines de coaching. C'est décidé, en mars je continue toute seule. J'ai hâte de voir comment ça va se passer. Est-ce que je vais y arriver ? Est-ce que je vais être perdue ? À quel point avoir une coach était-il essentiel à mon parcours ? Je pense m'en rendre compte encore plus quand je ne l'aurai plus.

Est-ce que je vais reprendre du poids ? La question est au bord de toutes les lèvres... Je ne sais pas ! Évidemment, j'espère ne jamais retourner en état d'obésité morbide, tout simplement parce que j'ai passé un an à travailler pour en sortir. Et également parce que je me sens tellement plus libre ! J'ai envie de bouger, les côtes et les marches ne me font plus peur, le sport non plus. Je veux voyager loin, je veux bouger. Après, je sais pertinemment que mon poids ne sera jamais complètement fixe. Il y a tellement de facteurs qui entrent en jeu ! Je ne veux pas faire d'obsession dessus, mais bien laisser mon corps vivre, avec mes bonnes habitudes de vie saine. Le futur nous dira ce qu'il en est...

7 février 2022

Aujourd'hui, j'ai écrit l'introduction de ce livre. Je me sens enfin prête. Ça a pris plusieurs mois, entre l'idée, la signature avec ma maison d'édition et le début de l'écriture. J'avais besoin de vivre toute cette première partie de ma transformation pour pouvoir en parler, je crois. Enfin, c'est différent pour le *journaling*, évidemment. À l'aube de la fin de mon année de coaching, je suis prête à écrire. Et je suis tellement heureuse d'avoir commencé ! J'avais tellement de craintes, allais-je réussir à rédiger ? Est-ce que ce serait aussi fluide que pour mon premier livre ? Au final, je suis convaincue que chaque ouvrage est unique, et que son procédé d'écriture l'est aussi. Par exemple, pour mon premier livre, *Fleurir avec ses idées : Manuel pratique pour concrétiser ses projets*, j'avais choisi d'écrire durant de longs week-ends sans presque aucune interruption. Ce livre que vous avez dans les mains, c'est une écriture presque journalière, progressive, mouvante, transformatrice. Tout comme mon expérience...

13 février 2022

J'ai fait n'importe quoi et je culpabilise pour mon corps. J'ai l'impression de lui avoir manqué de respect. Sur un week-end en dehors de chez moi, j'ai trop mangé, trop gras et trop riche. Et trop sucré. J'ai aussi bu un peu trop, et surtout peu dormi. Bonjour l'état de mon corps après tout ça ! C'était un week-end de fête, exceptionnel. Je ne regrette pas d'avoir fait la fête ; mais quand je vois les répercussions sur mon corps, je comprends encore plus l'importance d'une bonne hygiène de vie ! Je digère mal, j'ai mal au ventre, je me sens lourde, la nourriture m'écœure, j'ai zéro énergie, envie de rien, juste de larver sur le canapé ; impossible de faire du sport, limite même le moral dans les chaussettes. C'est fou le rapport direct que l'hygiène de vie a avec le corps.

J'en retiens que plus je chéris mon corps et que j'en prends soin, plus je suis en forme, plus j'arrive à profiter de mes journées, plus je suis fière de moi !

17 février 2022

Après ce week-end d'excès, le repas de Saint-Valentin du 14 février et une alimentation pas au top, mon corps s'est rebellé : poussée de lichen plan (que j'avais déjà eue il y a plusieurs années, mais pas à ce point) et pétéchie (taches rouges, sorte de microhémorragie que je n'avais jamais eue avant). J'ai pris rendez-vous chez le médecin, mais je suis convaincue que c'est lié à mon alimentation de ces derniers jours. J'ai aussi consommé beaucoup de produits à base de lactose, ce qui est rare en temps normal. Pour moi, c'est vraiment mon corps qui tire la sonnette d'alarme. À nouveau.

21 février 2022

Quel drôle de mois pour finir cette année de coaching ! Comme si c'était pour me rappeler que c'est le travail d'une vie, que rien n'est jamais complètement acquis, que la vie est cyclique, que parfois tout roule et parfois non. C'est OK, je l'accepte. D'après mon médecin, je fais une réaction allergique. Est-ce que c'est en lien avec le lactose, le sucre ou autre chose ? Je ne sais pas.

Globalement, j'ai passé cette semaine avec peu d'énergie, juste assez pour que je ne sois pas à plat. Je me repose, je ne fais pas de sport. Enfin si, je suis quand même allée à la piscine, et, à ma grande surprise, j'ai bien nagé ! Je me rends compte aussi que je suis plus attentive aux signaux que mon corps m'envoie. Ce qui me permet de ralentir avant d'être vraiment épuisée. Je laisse le temps qu'il faut à mon corps pour reprendre du poil de la bête.

27 février 2022

Dernier jour avant le dernier bilan de l'année de coaching. Demain, tout s'arrête. Enfin pas vraiment puisque je compte continuer toute seule. Mais c'est quand même la fin de quelque chose. Et le départ d'autre chose. Une nouvelle aventure seule, reste à voir si j'en suis capable. Si je n'ai plus besoin d'être épaulée. Et, comme un symbole, je passe cette après-midi seule. En ma propre compagnie. J'écris ces mots au Café de Flore, face à mon thé. Je savoure ma présence, le fait de n'avoir besoin de personne d'autre. Je me suffis.

28 février 2022

Ça y est, c'est l'heure du dernier bilan. Le bilan de la semaine, le bilan du mois et de l'année. Quelques données chiffrées : je pèse 89,9 kilos, j'ai perdu 65 kilos depuis février 2021 (un mois avant le coaching) et 65 centimètres de tour de taille. Entre autres.

J'ai aussi perdu des préjugés envers le sport, la musculation, moi-même, mon corps et ses capacités, ma rigueur et ma force... et j'ai tellement gagné ! En confiance en moi, en dépassement de moi, en connaissance de mon corps et de mon être tout entier, en connaissances en nutrition, en sport aussi. J'ai compris comment fonctionne le corps, de quoi il a besoin. J'ai aussi compris que mes émotions et mon alimentation étaient trop liées. J'y reviendrai dans la suite de ce livre.

J'ai gagné une expérience incroyable que je n'aurais jamais cru pouvoir vivre. J'ai gagné la liberté de vivre pleinement, de ne plus faire de croix sur quelque chose à cause de mon corps. J'ai gagné la liberté de sauter en parachute dans un mois et demi. J'ai gagné la liberté de m'asseoir sur une chaise sans avoir peur qu'elle cède. J'ai gagné la liberté d'être à l'aise en avion et de pouvoir faire un vol long-courrier. J'ai gagné la liberté de ne plus dépendre de mon corps pour mes choix. Il y a aussi des choses qui n'ont pas changé. J'aimais mon corps avant, et je l'aime maintenant. On pourrait croire que c'est plus facile d'aimer un corps qui a perdu du poids, mais si j'ai retrouvé le poids de mes 18 ans, je n'en ai pas le corps. Mes cuisses, mes bras, mon ventre et mes seins sont flasques. La peau est distendue, mais bien moins que je ne l'aurais imaginé. Pour l'instant, je n'envisage pas sérieusement d'opération. Mais j'y songe pour la poitrine, notamment. En fait, c'est une opération qui est dans ma tête depuis mon adolescence car j'ai toujours eu les seins lourds et tombants. Et j'ai toujours rêvé de pouvoir me passer de soutien-gorge, de porter des dos nus... Mes seins étaient trop lourds pour que je sois à l'aise sans soutien-gorge. Bref, c'est l'opération qui me trotte le plus dans la tête, mais je n'y suis pas encore. Donc, finalement, même si mon corps a changé, je l'aime toujours autant. Et je sais qu'il va continuer de changer car c'est le propre même de la vie. Et je sais que je vais continuer à l'aimer. Peu importe ce qu'il deviendra. S'il grossit à nouveau ou s'affine encore. S'il prend beaucoup de muscle, ou plus de peau distendue. Si j'ai envie de le modifier ou non. Si j'ai envie de changer ou non. Mon amour pour lui ne changera pas. Ce qui n'a pas changé non plus, c'est celle que je suis. J'ai beaucoup évolué, beaucoup appris, je me sens plus libre aujourd'hui. Mais cette année n'a fait qu'affiner la personne que j'étais déjà. Je prône toujours l'acceptation et la liberté d'être de tous les corps. Je défends toujours leurs représentations dans la société, sur tous les supports. Je lutte toujours contre la grossophobie et toutes les autres discriminations. Ce n'est pas parce que je ne suis plus obèse que je ne me sens pas concernée. Tous les corps sont beaux, tous les corps sont uniques, tous les corps ont le droit d'être et le droit au respect. J'aurais tant aimé pouvoir sauter en parachute en faisant 155 kilos. Mais pour des raisons de sécurité, de matériel, certaines choses m'étaient inaccessibles. Et je le comprenais, je n'en ai pas voulu au monde que cela soit ainsi. En revanche, j'ai toujours lutté contre les places ridiculement petites en avion, contre les chaises trop étroites, les tourniquets trop petits... Tellement de situations où on se sent de trop quand on est gros·se. Tellement de situations qui seraient facilement réglées si on prenait en compte toutes les morphologies.

Si j'ai un regret, c'est de constater que j'ai dû changer pour me sentir plus libre. J'aurais aimé pouvoir ressentir cette liberté quel que soit mon poids. Mais le fait est que la vie est plus simple quand on n'est pas obèse. Je le ressens tous les jours. Je le ressens même dans le regard des gens. Tout me semble plus simple. C'est une triste réalité.

Cela dit, je n'étais pas malheureuse quand j'étais obèse, au contraire ! Je n'ai pas attendu de perdre du poids pour vivre, danser, aller à la plage, prendre l'avion... J'étais très heureuse. Et je ne me sentais pas « moins libre » que quelqu'un d'autre. Mais je subissais certaines contraintes et j'avais fait une croix sur certaines activités, certains rêves. Et c'est vraiment pour ça que j'ai voulu changer. J'ai voulu me donner la chance de vivre pleinement, de pouvoir tout faire et réaliser tous mes rêves.

Je sais aussi qu'une telle transformation n'est pas envisageable pour tout le monde. Je sais que certaines personnes, comme moi avant, n'en ont pas du tout envie. Simplement parce qu'elles sont heureuses, se sentent bien, aiment leurs corps. Et c'est tout à fait OK. D'autres personnes aimeraient changer, mais n'y arrivent pas. Si vous êtes dans ce cas, je vous invite vraiment à vous rapprocher de professionnel·le·s de santé pour qu'ils·elles vous accompagnent au mieux. Pour ma part, j'ai vraiment senti le besoin d'être accompagnée par une coach durant cette année. Je ne sais pas si j'aurais réussi à parcourir seule le même chemin.

Il y a aussi des personnes qui souhaitent changer, qui ont commencé ou vont entamer une transformation. Dans ce cas, je vous dirai une seule chose : n'attendez pas d'atteindre un résultat parfois utopique pour vivre et être heureux·se. Le chemin est souvent plus important que la destination. Car la destination n'est que le début d'un autre chemin.

Bien sûr, je suis heureuse d'avoir atteint mon objectif de pouvoir sauter en parachute, et donc de faire 90 kilos (poids maximum accepté dans la plupart des centres de saut). Je suis surtout fière de moi, d'avoir pris cette décision il y a un an, d'avoir réussi à faire et à aimer faire du sport. Je suis fière de tout le chemin parcouru. Et je sais que c'est une nouvelle direction de vie. Je dois aussi vous dire que je continue seule mon chemin, ma transformation physique. J'ai décidé de continuer à perdre du poids pour voir où mon corps sera au mieux. Mon corps de base, avant une grosse prise de poids à l'adolescence, est plutôt long et filiforme. Pour l'instant, je sens qu'il continue à se recomposer, donc on avance main dans la main. Qui sait, peut-être qu'à la fin de ce livre j'aurai atteint une période de stabilisation et mon poids de forme, quel qu'il soit.

C'est une nouvelle page blanche que je vais commencer à écrire. Une nouvelle aventure qui s'annonce pleine de mouvement, de changement, d'évolutions. Car la vie n'est que mouvance. J'accepte toutes les éventualités de ce qui m'attend. J'accueille à bras ouverts le changement. Je m'aimais, je m'aime et je m'aimerai. Même si ce n'est pas le cas tous les jours, parce que je suis humaine et que j'ai des « jours sans », comme tout le monde !

J'arrête ici ce journal qui m'aura suivie pendant douze mois. Je continue ma route seule, mais je ne manquerai pas de partager avec vous les six mois suivants et mon saut en parachute dans la conclusion de ce livre... Alors, on s'y retrouve bientôt ! Et, en attendant, je vous invite à partir à votre propre découverte. Page après page, j'espère vous transmettre toute l'essence de ce que j'ai appris durant ma transformation.

J'apprends à
me connaître.

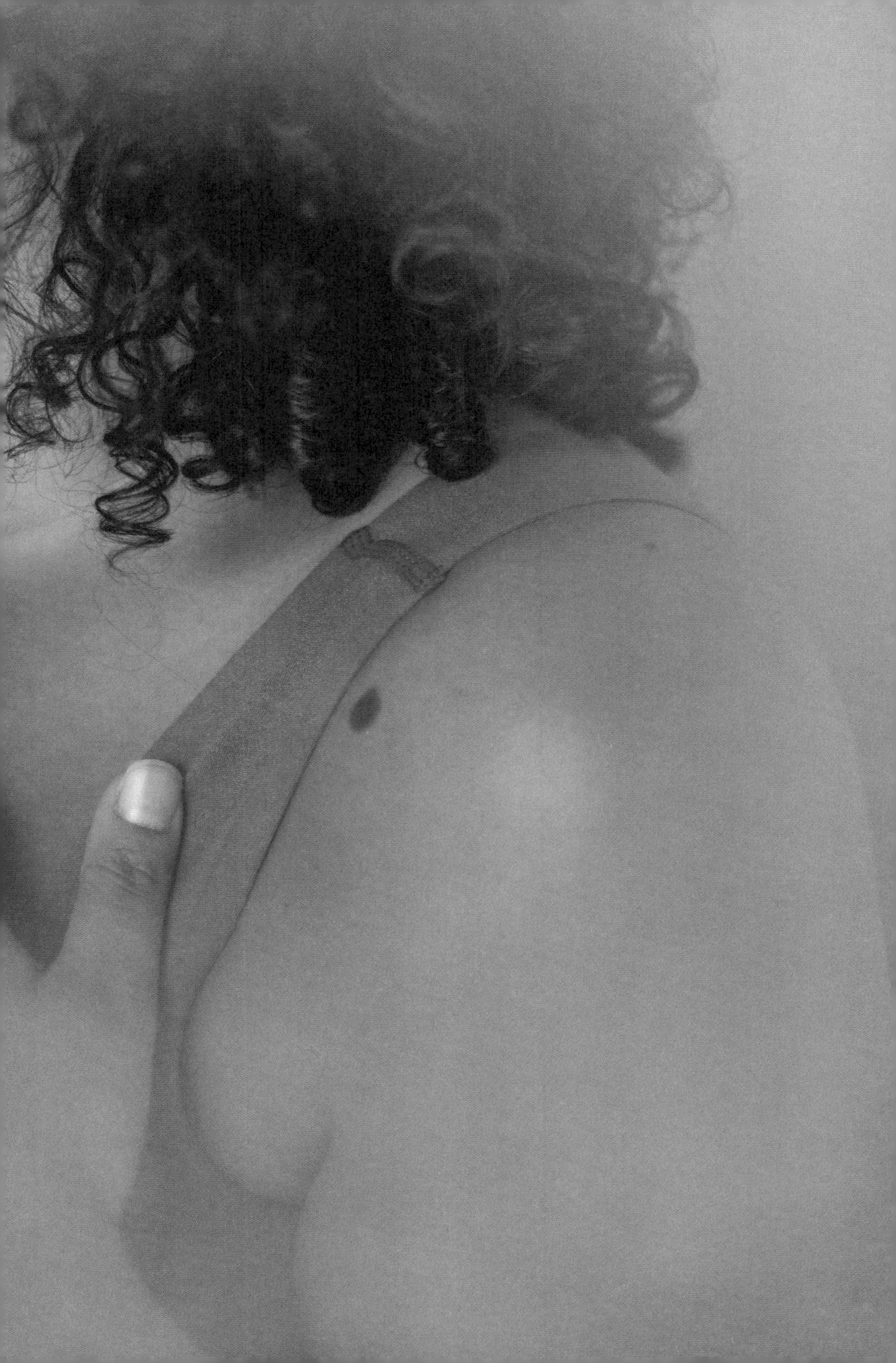

Je suis normale.

1

MONTRER ET VOIR SON CORPS

Le corps est la seule partie de nous-mêmes que nous ne pouvons pas cacher aux autres. Même habillé, il se voit et il peut susciter des réactions extérieures hors de notre contrôle. Le corps est l'image de nous-mêmes que nous renvoyons aux autres. C'est souvent la première impression donnée, la première information. Vous souvenez-vous de votre premier amour ? Si je vous demande de me le décrire, qu'allez-vous dire ? Il y a de grandes chances pour que vous utilisiez des adjectifs physiques dans les premières phrases. C'est tout simplement normal. Parce que nous sommes avant tout une image pour tous ceux qui nous voient. Sans parler de l'image que nous renvoie le reflet dans la glace, qu'on n'estime pas toujours flatteur ou juste.

Il peut être parfois très difficile de vivre dans un corps qui n'est pas le sien, qui ne nous plaît pas ou qui est limitant. C'est peut-être votre cas ? Si vous vous reconnaissez dans ces mots, j'espère sincèrement que je pourrai vous accompagner vers un mieux-être au travers de ces prochaines pages.

Nous montrons notre corps, que nous le voulions ou pas. Que nous l'aimions ou pas. Nous pouvons le changer, le modifier, le transformer, mais, avant tout, posons-nous la question suivante : pourquoi et pour qui ai-je envie ou besoin de changer ?

Pour y répondre, nous allons commencer par discuter ensemble de l'image que nous avons de notre corps, celle que nous renvoie la société à travers les siècles. Nous aborderons également les médias, leurs diktats et injonctions, le corps féminin en particulier, mais aussi les corps de toutes formes et de toutes couleurs. Nous allons parler différence, normalité, validation, sexualité et regard des autres... Nous allons chercher ce qui vient de nous dans notre perception du corps, et ce qui vient de l'extérieur. Ce qui nous a été inculqué, transmis depuis des générations, ce que nous avons absorbé sans même nous en rendre compte. Finalement, nous nous demanderons : qu'est-ce qui est mien et quelles sont les perceptions qui ne m'appartiennent pas ?

Car c'est en apprenant à distinguer nos propres pensées de celles des autres que nous pouvons mettre en lumière notre véritable relation au corps.

Les standards de beauté

Le corps n'a pas toujours été un sujet. Vous vous doutez bien que nos ancêtres néandertaliens avaient bien d'autres chats à fouetter que de se soucier de leur apparence physique. D'ailleurs, les premiers vêtements sont arrivés pour une seule raison : le froid. Il fallait se couvrir pour survivre. Pas pour faire joli, ni pour se cacher.

Le rôle du vêtement a bien évolué, puisqu'il est devenu un véritable ornement, qui a visé tantôt à remodeler le corps, tantôt à le cacher ou à l'amplifier !

Chaque époque et chaque culture a vu passer des standards de beauté féminins et masculins qui lui sont propres : la taille fine, les hanches larges, une toute petite poitrine, un teint très pâle, les cheveux lisses, de grosses perruques, des fesses rebondies, les bras fins, la grandeur, les mouches, le teint bronzé, les muscles...

Ces standards sont toujours véhiculés par des personnalités publiques influentes. Il peut s'agir de souverain·e·s, de stars de cinéma, de chanteur·euse·s, de personnages politiques, d'influenceur·euse·s... On lance un nouveau standard de beauté comme on lance une nouvelle mode. Et comme souvent on aimerait plus ou moins consciemment ressembler à cette personne qui est puissante, riche, qui semble avoir une vie extraordinaire, eh bien on va vouloir adopter ses caractéristiques physiques...

l'exemple contemporain parfait étant Kim Kardashian qui a remis les fessiers rebondis sur le devant de la scène aussi vite qu'elle les a fait disparaître des tendances.

J'aimerais aussi en profiter pour aborder avec vous le sujet des réseaux sociaux. J'y suis très présente, c'est grâce à eux que j'ai réussi à fédérer une belle communauté autour du bien-être. Je suis extrêmement reconnaissante à cet outil que j'essaie d'utiliser au mieux pour véhiculer de beaux messages. Mais je sais également que, comme pour tout, il y a deux faces à une même pièce. Je sais les dégâts que peuvent causer les filtres, par exemple. C'est pour cela que j'ai choisi de ne plus en utiliser depuis longtemps. L'image que nous renvoient les réseaux est non seulement déformée par la lentille du « je ne montre que ce que je veux, sous l'angle que je veux », mais elle est encore plus éloignée de la réalité quand on se présente toujours filtré·e. Pire, on s'habitue à voir des peaux sans pores, on s'habitue à son reflet déformé, au point de parfois ne plus supporter son image dans la réalité. Alors, bien sûr, certains diront qu'il faut prendre du recul, qu'il suffit de comprendre que les réseaux ne reflètent pas 100 % de la vraie vie. Mais beaucoup de jeunes et moins jeunes en pleine construction ou à la santé mentale fragile peuvent en subir de lourdes conséquences. Mon avis est que nous sommes responsables de ce que nous offrons au monde. Sur les réseaux comme au travail, à la boulangerie, à ses amis... Mais nous ne sommes pas responsables de la façon dont les autres reçoivent l'information. Une image peut inspirer une personne et en frustrer une autre. Et, comme dans la vie réelle, nous ne pouvons pas connaître 100 % de ce qui se passe vraiment dans la tête des gens.

Alors mon conseil est de choisir une consommation bienveillante des réseaux sociaux pour limiter leur impact sur votre perception de vous-même. Choisissez de suivre des gens qui vous font de bien, qui vous ressemblent, vous inspirent. Arrêtez de suivre cette personne moralisatrice qui vous frustre. Mais aussi arrêtez d'envier cette personne mince, le succès d'une autre, les voyages d'untel... Arrêtez d'être jaloux·se de ce couple qui semble parfait... Vous ne savez pas ce qu'il se passe quand la caméra est éteinte. Quelles sont leurs difficultés, leurs réalités, leurs complexes...

Tous ces contenus idylliques contribuent à renforcer des standards de vie qui ne sont pas atteignables pour la majorité de la population mondiale. Ce ne sont que des albums photo montrant les plus beaux moments, ceux qu'on a envie de se rappeler toute sa vie. Ce n'est pas 100 % de la vie des gens. Prenons-les pour ce qu'ils sont, inspirons-nous-en, mais ne cherchons pas à les reproduire.

Car un idéal de vie ou de beauté est par définition même très difficile à atteindre. La première raison est qu'il sera rarement le reflet de la réalité, comme nous l'avons vu ci-dessus. Et la deuxième étant tout simplement que chaque personne, chaque corps est différent : nous ne sommes pas faits pour nous ressembler et mener les mêmes vies.

Néanmoins, l'imaginaire collectif va souvent, sur une période donnée, accepter l'idée d'une nouvelle norme. Le corps parfait va donc être celui de Mlle Kardashian, jusqu'à ce qu'une autre personnalité change la donne. Ce qui veut dire que même si vous n'êtes pas d'accord avec ce standard, même si vous avez pris du recul, vous avez malgré tout un risque de le subir. Parce que les autres, qui l'auront accepté, sauront vous rappeler que vos fesses sont plates. J'en profite pour faire passer un petit message d'importance publique : arrêtons de donner notre avis quand il n'est pas sollicité. Que ce soit dans la vie, sur les réseaux, à nos proches ou à des inconnus. Une personne grosse sait qu'elle est grosse. Une personne blonde sait qu'elle est blonde. Gardons nos avis pour nous, et, quand ils sont demandés, faisons en sorte qu'ils soient les plus bienveillants possible. Nous nous jugeons bien assez nous-mêmes sans avoir besoin que quelqu'un d'autre le fasse pour nous.

Sans même que personne ne nous fasse de remarque, le miroir du standard nous renvoie bien assez souvent que nous ne sommes pas assez, ou que nous sommes trop. Mais comment ne plus se regarder dans ce miroir déformant ?

Être normal·e

Notre corps est fait pour être unique. Même de vrais jumeaux ne sont pas à 100 % identiques. Ce corps qui est le vôtre est un chef-d'œuvre qui ne sera jamais reproduit, c'est une œuvre inestimable ! Et pourtant, la question qui revient le plus dans notre tête tout au long de notre vie est bien souvent : « Suis-je normal·e ? » On peut même correspondre aux standards de beauté évoqués plus haut et se poser cette question fréquemment. Elle n'est pas réservée aux minorités et aux gens hors standard, tout simplement parce qu'il n'existe pas de normalité.

Comme les concepts du bien et du mal, du vrai et du faux, la norme ou le hors norme ne sont que des critères à un moment donné, qui ne cessent de changer avec le temps et les cultures. N'avez-vous jamais changé d'avis ? Ne vous êtes-vous jamais dit qu'avant vous pensiez que « ceci était votre vérité », alors que maintenant vous constatez que vous n'êtes plus d'accord avec votre ancien vous ? Par exemple, pendant longtemps la peine de mort était divertissante, un vrai spectacle à ne pas louper ! On s'y ruait la veille pour être sûr·e d'avoir une bonne place, comme à un concert. Aujourd'hui, nous sommes nombreux·ses à considérer que la peine de mort ne devrait plus être pratiquée dans le monde. Un autre exemple peut être celui de la religion, que vous ayez été éduqué·e dedans et choisissiez de vous en éloigner plus tard, ou l'inverse. Et, plus léger, vous avez sûrement traversé une certaine mode dans votre adolescence en étant persuadé·e que ça vous allait super bien. Et maintenant, en regardant les photos même avec tendresse, vous trouvez que les cheveux orange ne vous allaient pas si bien que ça. Aujourd'hui, vous avez peut-être les cheveux noirs ? Et qui sait, dans vingt ans, vous allez peut-être vous préférer en blond·e ?

La normalité n'est normale que pour celui qui la considère comme telle, à un moment donné, à un endroit donné, avec sa pensée du moment. Nous l'avons vu, au travers des époques les standards ont bien changé ! La normalité n'est plus du tout la même aujourd'hui qu'il y a trente ans. Regardez les sourcils ! Je trouve qu'il n'y a pas meilleur indice de normalité ! Parfois très naturels, ou très épilés, crépus, droits, anguleux, épais ou fins, les sourcils ne cessent de changer.

Alors à quoi bon se demander si on est normal ? Est-ce que c'est normal d'avoir des poils sur les bras ? Est-ce que ma vulve est normale ? Est-ce que ma barbe est normale ? Est-ce que mes pieds sont normaux ? Est-ce que je marche normalement ? Est-ce que mes relations sexuelles sont normales ? Est-ce que ma peau est normale ? Oui, oui, oui et oui. Si unique que soit chaque partie de votre corps, vous êtes normal·e. Il en va de même pour vos orientations sexuelles, votre genre, votre couleur de peau, votre morphologie… Nous sommes tou·te·s différent·e·s, tou·te·s uniques. Soit tout le monde est normal, soit personne ne l'est.

Le besoin d'appartenance à la normalité se traduit souvent par un besoin de validation. Il est rare que se dire à soi-même « je suis normal·e » suffise à apaiser les questionnements. Nous avons besoin d'une confirmation extérieure qui vient nous rassurer et nous dire « tu es normal·e ». Ce peut être une personne, une publicité, une photo, un exemple célèbre… Si telle personne dit que c'est normal d'avoir des bourrelets dans le dos, alors, comme j'en ai aussi, je m'autorise à être normal·e. Nous avons, bien sûr, tou·te·s besoin de voir des représentations qui nous ressemblent. Mais plus on constate un besoin de validation extérieure, plus cela traduit un manque de confiance en soi.

Se réapproprier son corps, c'est avant tout réussir à se détacher des événements extérieurs, des avis, des jugements, de la validation, des moqueries, des préjugés… tout ce qui finalement ne nous appartient pas. Tout ce qui fait partie du miroir dans lequel se voient les autres. Nous ne sommes pas les pensées des autres.

Le corps féminin

Les diktats esthétiques nous concernent tous. Que nous ayons un corps masculin ou féminin. Il y a des injonctions qui s'appliquent à tou·te·s, certaines communes, d'autres spécifiques à une identité de genre.

Chez les hommes cisgenres, par exemple, on préférera à tour de rôle un corps musclé mais pas trop, de la barbe mais pas trop, des cheveux, une grande taille, un corps en V, une allure virile, une voix grave… Et chez les femmes… ça mérite bien un paragraphe entier.

Qu'il soit celui d'une femme cisgenre, d'une femme transgenre ou toute autre identification de genre, le corps féminin est particulièrement visé par les standards de beauté. J'appellerai ici « femme » et « homme » toute personne s'y identifiant. Rappelons-nous que le droit de vote des femmes françaises a été autorisé uniquement depuis le 21 avril 1944. Avant cela, la femme était considérée comme un enfant, incapable de prendre une décision seule, de gérer de l'argent, et encore moins d'avoir le pouvoir d'influer sur les décisions politiques. La femme était là pour servir et être belle. Encore aujourd'hui, il suffit de feuilleter un magazine pour se rendre compte qu'avant de souligner les traits psychologiques d'une célébrité on vantera sa chevelure, ses formes, ses vêtements… Ou, au contraire, on pointera du doigt un laisser-aller avec une photo de paparazzi affichant sa cellulite. L'héritage de centaines d'années de patriarcat est encore là, bien vivant, pour expliquer aux femmes comment elles devraient se tenir, manger, se présenter, s'épiler, s'habiller…

C'est un fait, le corps féminin est plus souvent jugé, normé, sexualisé et standardisé que le corps masculin. Prenons l'exemple du téton. Le téton masculin peut se montrer presque partout, presque tout le temps : sur la plage, dans les publicités, dans les films et bien sûr sur les réseaux… Le téton féminin, en revanche, même lorsqu'il est utilisé à des fins maternelles pour nourrir son enfant, fait scandale. Couvrez ce sein que je ne saurais voir…

Nous ne comptons pas les points, il ne s'agit pas de dire que vivre dans un corps de femme est beaucoup plus difficile que vivre dans celui d'un homme. Mais je vous invite à prendre conscience de la différence de traitement que peuvent subir les corps en fonction de leur identité de genre.

Les standards de beauté que nous avons évoqués plus haut sont d'autant plus lourds et marqués pour les femmes. Ils arrivent d'ailleurs avec leur lot de charge mentale et une rallonge de budget… Si une femme veut correspondre aux standards du moment, alors il faut qu'elle s'épile tout le corps une ou deux fois par mois. Il faut aussi qu'elle pratique du sport pour avoir un corps tonique et des fessiers fermes. Il faut qu'elle cuisine et mange sainement pour ne pas dépasser la taille 38. Il faut qu'elle aille chez le coiffeur régulièrement pour cacher ses cheveux blancs. Il faut aussi qu'elle se maquille, mais pas trop, pour avoir bonne mine. Qu'elle s'habille à la mode, pas trop stricte, pas trop sexy, pas trop classique, pas trop jeune, pas trop voyante, pas trop fade. Qu'elle porte des talons, qu'elle ait les ongles longs et vernis mais pas trop pour ne pas faire vulgaire. Sans parler d'avoir des formes, mais sans bourrelets, sans vergetures, et puis sans ventre !

Je pourrais continuer longtemps, mais vous voyez bien que ce n'est pas possible de tenir un tel standard. Ou alors il faut avoir un planning adapté et un budget conséquent pour se transformer de la tête aux pieds, et en passer par la chirurgie esthétique. Je n'ai bien sûr rien contre cette dernière quand elle est utilisée pour accompagner les gens dans un mieux-être qui ne dépend que d'eux, et pas d'une injonction sociétale ou d'une mode.

Pour réussir à prendre du recul sur cette pression liée au corps, je vous invite tout d'abord à en prendre conscience. À remarquer quand la petite voix du standard de beauté se réveille dans votre esprit. Nous ne pourrons jamais complètement la faire taire, mais nous pouvons lui dire que nous l'avons entendue, et choisir de ne pas être d'accord.

« Si j'avais moins de poils aux jambes, je serais plus jolie et heureuse » peut devenir : « Je sais que la mode actuelle est aux jambes sans poils, mais ce n'est qu'un diktat que je ne suis pas obligée de suivre. Est-ce que mes poils me dérangent, moi ? Ou est-ce que c'est le regard des autres qui m'ennuie ? S'ils ne me dérangent pas, alors je choisis de les accepter tels qu'ils sont. Si c'est quelque chose que je n'aime pas personnellement, alors je les épile. Je fais mon choix en mon âme et conscience. Personne ne peut me dire quoi faire avec mon propre corps. »

La cohabitation est finalement l'option la plus pérenne, mais elle demande une veille constante. Réussir à dissocier la voix des injonctions de la nôtre, c'est la première et la plus importante des étapes pour mieux communiquer avec son corps.

La voix de l'éducation

Quand on a réussi à identifier la voix de la société, l'objectif va être de repérer la voix de notre éducation et celle de nos proches qui se mêlent à la nôtre. Oui, il y en a des voix qui se mélangent quand on commence à vraiment les écouter ! La voix de l'éducation, c'est celle qui marque profondément notre rapport au corps. Est-ce que le corps était un tabou dans votre famille ? Avez-vous grandi dans un environnement pudique ? Avez-vous pu poser des questions et avoir des réponses sur le fonctionnement du corps ? Vous a-t-on dit que les parties génitales étaient sales ? A-t-on créé des non-dits, des gênes, des hontes ? Est-ce que vous avez grandi dans un environnement à tendance grossophobe, transphobe, machiste, raciste, homophobe, ou tolérant et ouvert d'esprit… ?

À mon sens, la convergence des luttes est évidente, que l'on parle du corps ou de l'être tout entier. Si vous faites partie d'une minorité discriminée, il y a malheureusement de fortes « chances » que vous ayez subi des comportements haineux, ou tout du moins déplacés. Il est encore plus difficile, dans ce cas, de démêler ce qu'on nous a inculqué de ce que nous sommes. Par exemple, certaines personnes obèses sont grossophobes. Certaines personnes homosexuelles sont homophobes. Parce qu'elles ont grandi en apprenant que les gros·ses étaient feignant·e·s et moches, ou que les personnes homosexuelles étaient efféminées et volages. Tous ces préjugés sont transmis *via* l'éducation que nous recevons, nos proches, nos rencontres... Nous sommes tous plus ou moins modelés par des *stimuli* extérieurs. D'ailleurs, saviez-vous que Jim Rohn, entrepreneur et coach en développement personnel, affirme que nous sommes en général la somme des cinq personnes que nous côtoyons le plus souvent ? Ça donne à réfléchir sur l'importance de bien s'entourer...

À première vue, ce n'est pas toujours facile de s'avouer avoir subi une éducation baignée de préjugés. Et ce n'est pas très agréable non plus, je vous l'accorde. Mais il est nécessaire de prendre ce recul, pour ensuite comprendre ce qui a formaté l'image que nous avons de nous-mêmes. Prenez le temps qu'il vous faudra pour réfléchir et vous souvenir des attitudes et mots qui auraient pu vous blesser. Je peux vous donner un exemple personnel qui m'a marquée, une phrase prononcée par un proche : « Ne te tiens pas comme une grosse. » J'étais grosse, je n'ai pas compris tout de suite ce que ça voulait dire. C'était tout simplement une phrase grossophobe. Mais est-ce que c'était volontaire et conscient ? Je pense, après réflexion, que c'était surtout le reflet de sa « non-acceptation » de son corps, et par extension du mien. Son refus de voir que j'étais grosse, sa honte. Ce n'était pas moi, mon corps ou mon rapport à ce dernier le problème.

Nous sommes un miroir qui reflète les peurs, les insécurités, les faiblesses et les croyances de l'autre. Comprendre cela nous aide énormément à prendre du recul par rapport à ce qui nous a blessé·e·s par le passé. Cela ne veut pas pour autant dire qu'il faut accepter de se faire rabaisser, injurier, maltraiter... Bien sûr que non. C'est juste un outil pour guérir, pour avancer, et pour réussir à dissocier ce que les autres nous ont transmis de ce que nous sommes vraiment. Nous ne sommes pas ce que les autres nous ont dit que nous étions. Notre corps n'est pas la perception que s'en font les autres. Alors que sommes-nous ?

Notre histoire

Nous sommes ce que nous avons vécu jusqu'ici. Nous sommes toutes les joies, tous les rires, toutes les larmes, tous les cris, toutes les douleurs, toutes les épreuves, tous les bonheurs, toutes les décisions, toutes les aventures que nous avons vécus. Nous sommes notre histoire, nos choix et nos actions d'aujourd'hui. Et notre corps est notre livre. Il est rempli de lignes, de dessins, de formes, de douleurs aussi, de cicatrices et de marques de notre histoire. Changez votre histoire, changez qui vous êtes fondamentalement, esprit et corps compris.

Vous êtes sans doute familier·ère de l'effet papillon, métaphore qui explique que la plus petite cause peut créer un très grand effet. Changez un tout petit détail de votre passé, et vous ne seriez pas la même personne aujourd'hui. C'est tentant, n'est-ce pas, d'imaginer pouvoir rectifier ses erreurs et s'éviter des épreuves ? Alors je vous propose de prendre un instant pour réfléchir à ce que vous aimeriez changer si vous pouviez retourner dans le passé. Peut-être ne pas vous mettre en couple avec telle personne ? Ou refuser une proposition ? Ou ne pas sortir ce soir-là ? Ou prendre une autre direction ?

Maintenant que vous avez identifié ce que vous aimeriez réécrire, je vous invite à réfléchir à ce que ce regret vous a apporté. Chaque épreuve arrive avec son lot d'apprentissages. Chaque difficulté est un professeur pour qui sait l'écouter. Qu'est-ce que vous avez appris de ces épreuves ? En quoi ont-elles contribué à faire de vous la personne que vous êtes aujourd'hui ? Ces questions, bien qu'il soit difficile d'y répondre, sont très importantes. C'est grâce à elles que vous allez pouvoir faire la paix avec votre histoire, avec vos regrets et avec votre corps. Car la personne que vous êtes aujourd'hui tout comme le corps que vous avez aujourd'hui sont les seuls qui comptent. L'esprit et le corps de votre adolescence, ceux de vos rêves, ceux d'avant une épreuve ne sont plus. Vous êtes vous, votre corps est là maintenant, et vous êtes en changement permanent ! Accepter l'impermanence de la vie et de son être tout entier est le premier pas vers la bienveillance envers soi. Vous ne serez plus jamais la·le même. Vous changez en ce moment même. Vous ne savez pas qui vous serez demain. On a tendance à voir le changement d'un mauvais œil : « Tu as changé, dis donc, tu n'es plus comme je t'imaginais… » Oui, bien sûr, et c'est normal ! Celui qui ne change pas ne vit pas. Il n'y a pas de pire position que l'immobilité dans la vie. Quand j'ai moi-même amorcé ma transformation, certaines personnes se sont senties abandonnées, voire trahies. Observer le changement chez les autres peut parfois nous renvoyer à notre immobilité.

Alors comprenons que notre être tout entier est en mouvement perpétuel, qu'il s'écrit de notre histoire, de nos choix et de nos rencontres. Et que notre corps, ce livre de chair, se modifie également jour après jour. Nous reviendrons plus tard sur la stigmatisation de l'esprit dans le corps, sur le poids des blessures de la vie qui se traduisent dans la chair. En attendant, gardez en tête que vous n'êtes pas ce que les autres vous disent que vous êtes, et vous n'êtes pas obligé·e de rester dans la case qu'ils vous ont attribuée : vous êtes votre histoire, vos choix, bons et mauvais, vous êtes tout ce qui vous a transformé·e en la magnifique personne qui lit ces mots. Et vous êtes le mouvement même de la vie, un changement perpétuel. Vouloir changer est tout à fait naturel, ne culpabilisez pas si vous n'êtes pas totalement heureux·se avec la personne que vous êtes aujourd'hui. Vous vous construisez chaque jour, soyez reconnaissant·e d'avoir fait de votre mieux avec ce que vous aviez à l'instant T.

La gratitude est la clef pour prendre conscience du chemin parcouru et de tout ce que nous avons, sommes et vivons de beau déjà aujourd'hui. Commençons tout simplement par prendre conscience de tout ce que notre corps fait pour nous, de ce qu'il nous permet de vivre, d'être, de goûter, de sentir, d'entendre... Remercions cette formidable machine de fonctionner toute seule, parce qu'on ne respire pas consciemment, on ne fait pas circuler notre sang consciemment... Le corps se débrouille très bien tout seul pour nous permettre de vivre l'esprit léger. Remercier son corps de tout ce qu'il nous permet de faire est une première étape sur la route de l'amour de soi. Parce que, avant d'aimer quelque chose, prenons déjà conscience de sa présence et de tout ce qu'elle nous apporte. C'est le concept de la « *body neutrality* » qui véhicule un message de bienveillance envers soi. Je n'ai pas à m'aimer tout le temps ou tout court, je peux vouloir me changer, mais je suis reconnaissant·e de ce que mon corps fait pour moi. Et j'en prends soin pour l'aider au quotidien à fonctionner de la meilleure des façons, le plus longtemps possible.

C'est par cette première étape que je vous invite à commencer votre reconnexion à votre corps. Et, pour ce faire, je vous propose de réaliser un petit exercice afin de prendre conscience de la chance que vous avez de l'avoir. J'ai souhaité clôturer chaque chapitre avec une mise en pratique non seulement pour ancrer en vous ce que vous venez de lire, mais aussi parce qu'il n'y a rien de mieux pour amorcer le changement qu'un premier pas à travers une action symbolique. Je vous invite à jouer le jeu et à réaliser chaque exercice avant de poursuivre votre lecture.

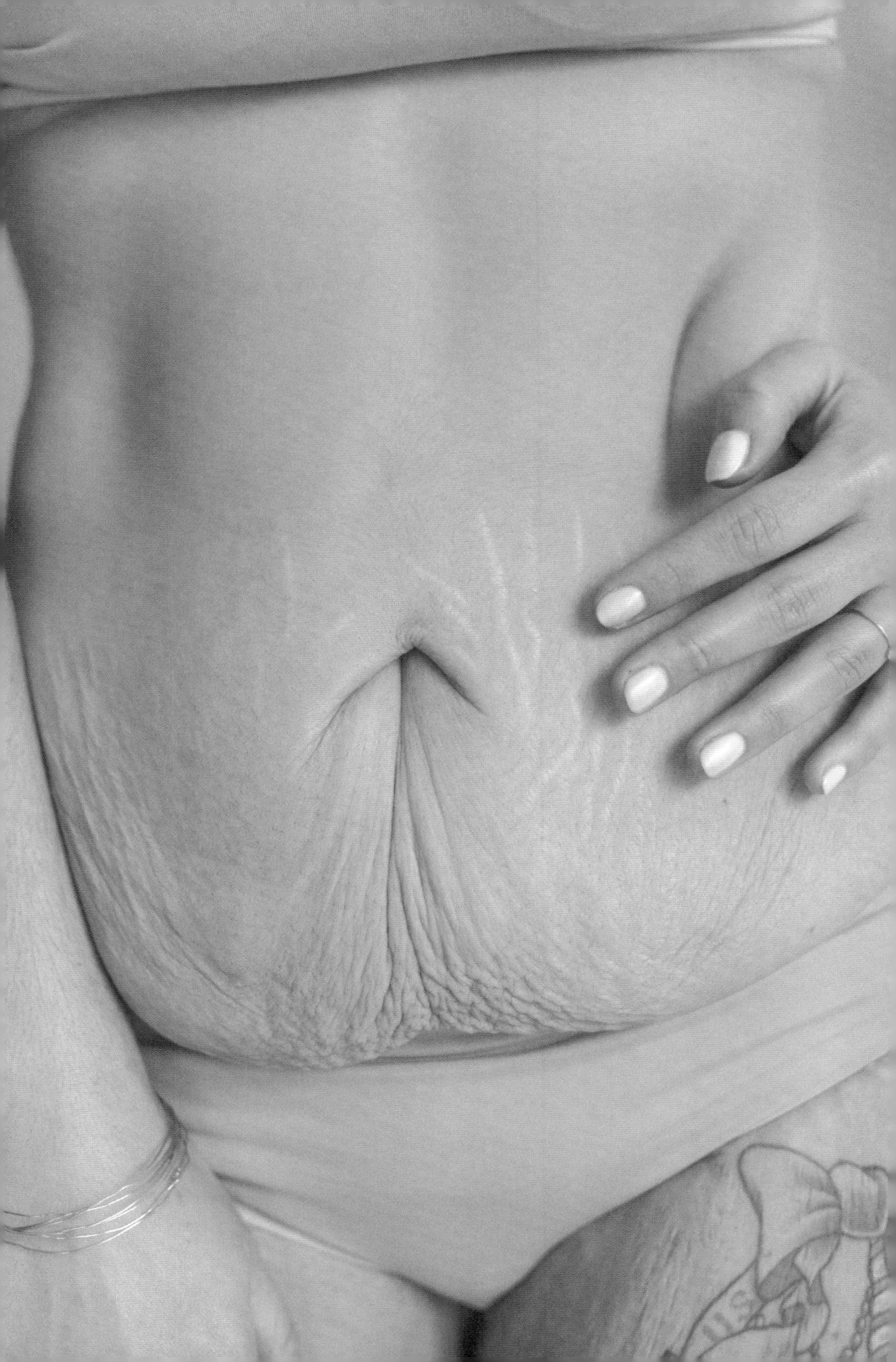

Je suis
à l'écoute
de mon corps.

EXERCICE

MERCI, MON CORPS

Pour clôturer ce premier chapitre, je vous invite à plonger dans la gratitude ! C'est un concept dont on entend beaucoup parler, à tel point qu'il peut parfois perdre son sens. Faire une liste de gratitude, qu'est-ce que ça veut vraiment dire et à quoi ça sert ?

Exprimer de la gratitude désigne une attitude reconnaissante. C'est dire merci. C'est prendre conscience de la chance que nous avons. C'est aussi apprendre à apprécier ce qui est. C'est profiter de l'instant présent et de ce qu'il nous offre. La gratitude, c'est être dans l'abondance, à l'opposé de l'état de manque quand on demande quelque chose. Par exemple, faire une liste au Père Noël, c'est demander pour combler un manque. Établir une liste de tout ce qu'on a reçu cette année comme cadeaux matériels et immatériels, c'est être dans la gratitude et l'état d'abondance. On se focalise sur ce qu'on a, et on est reconnaissant pour tout cela.

L'exercice qui suit vise donc à prendre conscience de tout ce que votre corps vous offre. Pour ce faire, je vous invite à vous munir d'un carnet et d'un crayon, et d'y noter tout ce que votre corps vous a permis et vous permet encore de faire : bouger, créer, être, découvrir, aider... Petites et grandes expériences de vie : revenez le plus loin possible dans votre mémoire, et notez tout ce qui vous vient. Peut-être que, grâce à votre corps, vous avez pu faire de l'équitation, courir un marathon, porter votre enfant, vous balader en forêt, pâtisser un gâteau d'anniversaire, sauter en parachute, construire une maison...

Êtes-vous volontaire dans une association ? Ou bien votre corps vous a-t-il permis d'être présent·e à un moment important de la vie de quelqu'un d'autre ? Peut-être que, grâce à votre corps, vous avez pu faire du yoga et gagner en sérénité ? Qu'avez-vous découvert grâce à votre corps ? Un nouveau pays, un monument, une personne ? Est-ce que vous pratiquez une activité ? de la musique ? un art ?

Tout ce que vous allez inscrire sur votre liste est une raison de plus de remercier votre corps. Et de l'aimer pour ce qu'il vous offre, pas forcément pour ce qu'il représente ou ce qu'il est, mais pour ce qu'il vous permet de vivre.

Quand vous aurez fini votre liste, vous allez vous rendre compte qu'en fait elle ne s'arrêtera jamais. Parce que, demain, votre corps vous permettra encore de vivre une nouvelle expérience. Chaque jour, prenez une minute au réveil pour le remercier de commencer cette nouvelle journée. Et, chaque soir, soyez reconnaissant·e de tout ce qu'il vous a permis de réaliser.

Votre corps est votre meilleur allié, celui qui sera là toute votre vie. Vous pourrez toujours compter sur lui. Alors prenez-en soin pour qu'il continue à vous épauler le plus longtemps possible.

RÉPONSE DE PROFESSIONNEL·LE

DIÉTÉTICIENNE

Léa Del Aguila répond à vos questions.

« On fait un régime ? Est-ce que les régimes fonctionnent ? Pourquoi ? »

J'aimais mon corps, j'ai décidé de le changer et j'ai réussi. De ce fait, la question qu'on m'a le plus posée depuis ma transformation, c'est : « Quel est votre secret ? » La pilule magique, l'exercice physique, l'aliment, le régime, la révélation sur laquelle repose la réussite de mon projet. C'est peut-être également cette question qui vous est venue directement en lisant ces premières pages. C'est même possiblement ce que vous espérez secrètement découvrir lors de votre lecture... C'est pourquoi je tenais à débuter les témoignages professionnels avec LA grande question des régimes : est-ce que ça fonctionne ? Est-ce le secret ? Est-ce qu'il s'agit juste de trouver le bon régime miracle ?

Évidemment, ce n'est pas la seule question qu'on m'ait posée, loin de là ! Et c'est sans doute loin d'être la seule qui trotte dans votre tête. C'est pourquoi j'ai souhaité enrichir mon livre de l'expérience de cinq professionnel·le·s de la santé physique et mentale afin de vous apporter non seulement des réponses, mais aussi des contacts si vous ressentez l'envie ou le besoin d'être accompagné·e de façon individuelle. Je laisse ici la place à Léa, et vous retrouve au chapitre 2.

Quelques conseils pour un changement bienveillant, par **Léa Del Aguila**, diététicienne nutritionniste

Aaah, les fameux régimes ! Prônés dans les magazines, mis en avant par les influenceurs sur les réseaux... On vous promet des méthodes miracles pour fondre telle la glace au soleil, et pourtant... D'après l'Agence nationale de sécurité sanitaire de l'alimentation, de l'environnement et du travail (ANSES), « l'étude NutriNet-Santé a montré que près de deux femmes sur trois de poids normal font des régimes, et que 27 % des hommes de poids normal disent souhaiter maigrir* ». L'enquête IPSOS de 2015, elle, révèle que « la majorité de ceux qui ont déjà suivi un régime (58 %) n'ont pas été satisfaits du résultat : ils n'ont pas perdu de poids, ou pas autant qu'ils le voulaient, et ceux qui en ont perdu l'ont très largement repris (65 %)** ». La quête de la minceur n'est pourtant pas sans danger.

Les régimes n'ont qu'un objectif : restreindre l'organisme. Manger moins et bouger plus. Sur le papier, ça a l'air facile ; mais pourquoi n'y arrivons-nous pas ?

Notre cher corps n'est pas fait pour vivre en soupape, il a besoin d'énergie, de nutriments, mais aussi de réguler son équilibre... émotionnel. Et tout ça passe par l'alimentation, mais pas que. Les régimes, eux, ne prennent pas en compte tous les paramètres de régulation du poids qui influencent et régissent notre comportement alimentaire. Une fois la machine déréglée, il est parfois bien difficile de revenir en arrière ; c'est ce que nous allons voir ensemble.

---

* Source : https://www.anses.fr/fr/content/r%C3%A9gimes-amaigrissants-entretien.

** Source : https://www.ipsos.com/fr-fr/les-francais-leur-poids-et-leurs-experiences-des-regimes.

La restriction cognitive et le dérèglement physiologique

Peut-être, vous qui lisez ces quelques lignes, vous êtes-vous déjà lancé·e dans un régime sur une semaine, un mois et avez-vous perdu quelques kilos (que vous avez peut-être repris par la suite) ? Que s'est-il passé à ce moment-là ? La perte de poids rapide est souvent associée à une perte d'eau et de masse maigre (le muscle). L'organisme se fatigue et va alors mettre en œuvre des stratégies de régulation pour regagner son poids de base. Comment ? Il va d'abord aller puiser dans les réserves d'énergie, et, pour ne pas trop en dépenser par la suite, il va faire baisser ses besoins (votre métabolisme de base va moins dépenser). Le corps va alors changer ses paramètres de jauge d'énergie et appuyer sur le bouton *RESET*. Il sent planer le danger, celui qui risque de vous rendre faible, fatigué·e et en carence… La perte de poids rapide s'arrête donc là et les ennuis commencent. Parmi eux :

- → L'affaiblissement de la thyroïde, qui va provoquer un ralentissement du métabolisme. Votre corps, se sentant menacé par la pénurie, décide donc de garder un peu plus longtemps ses stocks.
- → Vos intestins, habités par des milliards de bactéries, vont essayer de s'adapter à ces nouveaux apports, mais vont avoir bien du mal à s'en remettre à l'arrêt du régime (il leur faudra beaucoup de temps, ils ne seront alors plus adaptés à votre alimentation habituelle et risquent de provoquer une nouvelle prise pondérale).
- → Un régime est bien sûr souvent accompagné d'une restriction des glucides, or ceux-ci sont indispensables à notre cerveau (qui est glucodépendant). Leur suppression va entraîner un manque de sérotonine, indispensable à la régulation de notre comportement alimentaire… Gare aux changements d'humeur et aux coups de mou !

- → Un apport hypocalorique au quotidien va entraîner une augmentation du taux de ghréline, l'hormone de la faim, entraînant des fringales incontrôlables.
- → Enfin, perdre le gras dont le corps a besoin risque de réduire la production de leptine et provoquer de grosses fringales (la leptine permettant de réguler l'appétit).

On le voit, le régime provoque littéralement une résistance à l'amaigrissement. Un comble !

La restriction cognitive, un poids dont on se passerait bien

Qui dit régime dit interdiction, frustration et… perte de contrôle. Exercer une telle pression sur soi pour « tenir » ou « faire attention » provoque bien des désagréments sur notre cerveau et peut même engendrer une addiction à l'aliment « interdit ». Lorsque les différents équilibres physiologiques du corps (que ce soit énergétique, nutritionnel ou émotionnel) ne sont plus respectés, notre organisme envoie des signaux en urgence contre lesquels nous ne pouvons pas lutter. C'est le craquage. Et lorsque celui-ci arrive, chaque individu va se sentir « nul », « bon à rien » (injustement en plus !) parce qu'il n'a pas tenu. Aïe, l'estime de soi en prend un coup et cette situation répétée peut conduire vers les troubles des conduites alimentaires (TCA) et la dépression. Pas bien agréable, n'est-ce pas ?

Dans les cas extrêmes, une personne aveuglée par son régime peut aussi s'empêcher de sortir avec des amis, éviter les restaurants, développer des phobies alimentaires. Elle sabote sa vie sociale et s'isole peu à peu. Est-ce que tous ces tracas valent vraiment le coup pour quelques grammes de moins ?

Vous l'aurez compris, les régimes, la restriction calorique et la frustration qu'ils engendrent ne sont finalement pas une si bonne idée pour perdre du poids (en tout cas à long terme). Ils provoquent des déséquilibres physiologiques et psychologiques. La restriction n'est pas tenable sur la durée, car elle ne respecte tout simplement pas nos plaisirs et les besoins indispensables à notre bon fonctionnement. Un poids régulé est bien souvent signe d'un état physiologique régulé. Doit-on forcément faire une croix sur la perte de poids ? Non, pas forcément, mais il faut prendre conscience que la perte pondérale n'est pas une finalité en soi. Nous ne pouvons pas choisir un poids de référence, car il est différent pour chacun d'entre nous. En tant que diététicienne nutritionniste, j'ai de nombreux·ses patient·e·s qui ont perdu des kilos en travaillant autrement. Il faut comprendre l'histoire de poids, souvent l'histoire de vie, les habitudes alimentaires, et souvent rééduquer le comportement alimentaire bien trop oublié pendant de nombreuses années. Il est important de porter de l'attention à ses sensations de faim et de rassasiement ; s'y reconnecter est primordial pour tendre vers une alimentation propre à chacun. J'ai la profonde conviction qu'une relation saine et sans restriction avec son assiette permet de lâcher prise et de vivre bien plus tranquillement. Le poids ne définit pas une personne, ni ses valeurs. Émilie le souligne très bien à travers ses contenus ; physiquement, elle a changé mais reste la même personne. L'activité physique est une parfaite alliée sur le plan santé, elle aide notamment à réduire les risques cardio-vasculaires, les risques de diabète ; elle aide à la régulation du cholestérol et permet de limiter la perte de masse musculaire… Mais il ne faut pas confondre bénéfice pour la santé et perte de poids. Une personne en surpoids peut être en parfaite santé. À l'inverse, une personne avec un IMC considéré comme « normal » peut être carencée. Quoi qu'il en soit, la pratique régulière d'un sport provoque un phénomène de régulation émotionnelle qui permet de réguler le comportement alimentaire.

Mon conseil pour modifier son alimentation

Faites-vous accompagner par un·e professionnel·le de santé. Un suivi bienveillant et professionnel sera bien plus efficace que des informations glanées sur internet. Un léger surpoids, un surpoids plus marqué ou une obésité ne s'abordent pas de la même façon. Ne soyez pas pressé·e, le travail peut paraître parfois long, mais, une fois libéré·e, vous vous sentirez beaucoup mieux. Il y a de nombreuses façons de prendre soin de soi, de son corps, de sa santé. Respectez vos envies, vos besoins et surtout luttez contre la sédentarité. La gestion des émotions, le sommeil, une attention particulière à soi sont des points tout aussi importants. Ne vous focalisez pas sur un chiffre sur la balance, vous valez tellement mieux !

Informations complémentaires

Nom : Léa Del Aguila
Contact :
leaaax@gmail.com
www.leaaax.com
@Leaaaxss
Métier : diététicienne nutritionniste formée au groupe de réflexion sur l'obésité et le surpoids (GROS) et thérapie d'acceptation et d'engagement (ACT).

Graphiste, illustratrice et diététicienne, j'ai su dès mon plus jeune âge que j'allais faire un métier créatif. J'ai donc logiquement suivi cinq années d'études artistiques après le BAC (BTS communication visuelle, Bachelor design graphique, école d'illustration et de BD) et j'ai commencé à travailler dans les médias à Paris. Après dix ans d'expérience créative, j'ai décidé de me lancer dans un BTS de diététique, la nutrition étant un sujet qui m'intéressait depuis longtemps. En 2017, j'ai obtenu le diplôme qui m'a permis de me lancer en libéral et de trouver un poste à mi-temps à l'hôpital de Fourvière, à Lyon. En parallèle, j'ai développé mon entreprise, mêlant graphisme, santé et nutrition. Ma carrière a pris tout son sens quand j'ai pu me servir de l'illustration pour aider des patients, les accompagner dans leurs pathologies et... me sentir utile. Je me suis ensuite spécialisée en alimentation comportementale, formée à l'ACT et au GROS. J'accompagne à présent au mieux les personnes souhaitant retrouver une relation sereine à leur alimentation, mieux comprendre leur comportement alimentaire afin de prendre du recul, de déculpabiliser et, surtout, de mieux s'accepter.

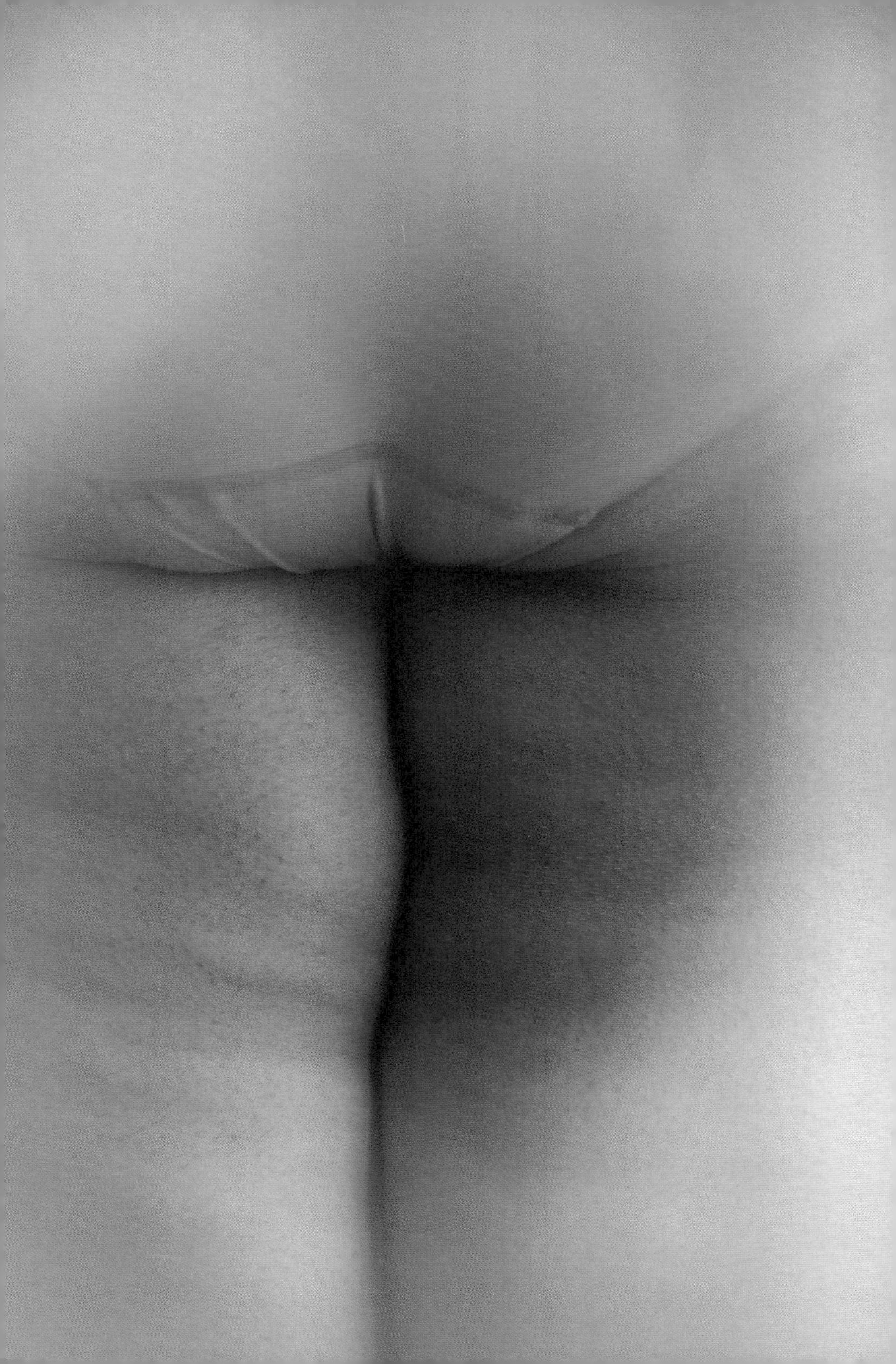

Je me fais passer en priorité.

2

COMMUNIQUER AVEC SON CORPS

Notre corps est là, en mouvement perpétuel. Il fonctionne presque tout seul, il est incroyable ! Il nous permet de faire et de vivre énormément de choses. C'est bien pour cela que nous avons pris le temps de le remercier dans l'exercice précédent. Le corps est si bien fait, si autonome qu'on a parfois tendance à l'oublier. On se dit qu'il se débrouille très bien tout seul… Et, petit à petit, on désapprend son langage, ses sonnettes d'alarme. Et on finit par l'entendre uniquement quand il souffre ou quand il a tellement changé qu'on ne se reconnaît plus.

C'est parce qu'on a oublié comment communiquer avec lui. Quel est son langage ? En quoi est-ce important de prendre le temps de l'écouter ? Parfois, on a même tendance à oublier qu'il est capable de nous parler… Car, oui, le corps communique sans cesse avec nous ! Vous ressentez quand vous avez faim, par exemple, l'estomac qui gargouille ! Il nous dit quand il a soif, quand il a besoin de se soulager, de se reposer, de se détendre, de se défouler, de se dépenser… Il sait aussi nous dire quand il est stressé, avec une apparition d'eczéma par exemple, une perte de cheveux ou de poids. Il est aussi capable de nous dire qu'il est épuisé en nous bloquant le dos et nous forçant à nous reposer… Et le corps peut aussi garder en mémoire des traumatismes. Il peut refuser de reproduire une situation et générer une crise de panique, comme pour prendre la voiture si vous avez subi un accident, par exemple.

Le corps n'oublie rien, il garde en lui les traces de notre vie, il sait souvent avant nous si une décision est bonne ou mauvaise, il nous dit quand il est temps de nous reposer, il enregistre tout ce qui se passe autour et en nous.

Je souhaite maintenant aborder avec vous différents axes de communication que vous pourrez explorer petit à petit, en tête à tête avec votre corps. L'idée est de réapprendre à écouter, à entendre, à comprendre, à échanger et à grandir avec votre corps. Si vous êtes touché·e par un traumatisme, je vais également vous donner des pistes de pratiques thérapeutiques qui ont fait leurs preuves. Mais il est important de vous rapprocher de professionnel·le·s de santé mentale qui sauront prendre en charge vos besoins et vous conseiller individuellement.

L'équilibre corps-âme-esprit

Vous avez sûrement déjà entendu cette maxime : « Un esprit sain dans un corps sain ». Outre son sens biblique, ce que je choisis personnellement de retenir, c'est qu'on ne peut être totalement serein·e que lorsque le corps et l'esprit le sont aussi. L'un sans l'autre n'aboutira pas à une sérénité totale. Je l'abordais avec vous dans l'introduction de ce livre, le socle du bien-être, à mon sens, c'est l'équilibre du corps, de l'esprit et de l'âme. « Le corps », c'est bien sûr notre enveloppe physique, ce qu'on voit et ce qui s'y passe à l'intérieur. Par « l'âme », j'entends tout ce qui touche à l'aspect psychologique et mental. Et par « l'esprit », j'entends tout ce qui a trait à la spiritualité, religieuse ou non. Assez bizarrement, on a tendance à inverser les définitions de l'âme et de l'esprit. J'ai moi-même longtemps imaginé que l'âme était spirituelle et l'esprit mental. Pour nous aider à identifier ce qui concerne l'âme ou l'esprit, voici leurs définitions philosophiques :

- Définition de l'âme : l'âme est le siège de l'activité psychique, intellectuelle, morale, affective. L'âme est liée à la conscience, à l'ego, mais aussi au cœur, à la raison et à l'intellect.
- Définition de l'esprit : l'esprit en l'homme correspond à la dimension spirituelle de l'être humain ; il spiritualise à la fois l'âme et le corps.

C'est à vous de voir ce qui vous parle le plus, le concept avec lequel vous êtes le plus à l'aise : une dualité corps-âme, ou la triade corps-âme-esprit. Dans les deux cas, il est important que chaque élément soit autant considéré que l'autre. À mon sens, c'est l'équilibre qui crée une harmonie et un sentiment de bien-être durable. Je vais vous donner quelques pistes pour prendre soin de votre corps, bien sûr, mais aussi de votre âme et de votre esprit. Tout en soulignant comment les trois communiquent entre eux directement.

Prendre soin de son corps, c'est la partie que je vais le moins développer, puisque ce sera le sujet de deux chapitres distincts un peu plus loin. Mais, vous vous en doutez, ça passe par une alimentation équilibrée, une activité physique, mais aussi des soins et des massages, des bilans de santé, du repos, de la bienveillance, de la gratitude, de l'acceptation, du changement…

Pour prendre soin de son âme, on va parler de santé mentale. Cela peut prendre différentes formes, comme effectuer un travail sur ses névroses avec un·e professionnel·le, pratiquer la cohérence cardiaque pour retrouver le calme, faire du *journaling* pour poser ses idées, discuter avec un·e ami·e, limiter les contacts avec les personnes toxiques, s'offrir du temps libre, pratiquer un art… Il peut s'agir de tout ce qui va vous faire du bien psychologiquement, vous libérer et soulager votre charge mentale.

Pour prendre soin de son esprit, ce sont des pratiques spirituelles qui vont être utilisées. Encore une fois, qui dit spiritualité ne veut pas forcément dire religion. On peut aimer méditer sans croire en un dieu. On peut avoir la foi sans croire en un dieu. On peut employer des mots comme « univers », « nature », « énergie », « vie » ou « Dieu » pour désigner la même idée. On peut croire à quelque chose de plus grand que nous, sans s'identifier à aucune religion. Et on peut partager des idées communes avec des religions sans être d'accord sur tout et sans les rejoindre. La spiritualité est aussi un chemin d'ouverture d'esprit, de connaissance de soi, de questionnement sur le sens de la vie. C'est prendre le temps de s'écouter, de s'imprégner de la vie, de remettre en question, de s'autoriser à croire ou non, et d'être ouvert·e aux possibilités.

Pour prendre soin de son esprit et donc de sa spiritualité, il suffit de trouver ce qui vous parle : la méditation, la contemplation, les pratiques divinatoires, les pratiques religieuses, le silence, les retraites bien-être, la prière religieuse ou non, les intentions et chèques d'abondance, une balade en forêt, les oracles, la danse, l'hypnose, les voyages dans son inconscient…

En apportant autant d'attention à son corps, son âme et son esprit, nous entrons dans un état d'osmose, c'est-à-dire que les trois éléments se répondent, se confondent et fusionnent en un bien-être total. En prenant soin de notre mental, nous limitons la fatigue et le stress qui ont des actions directes sur notre santé et donc sur notre corps. En prenant soin de notre corps, nous cultivons notre vitalité, notre énergie, notre santé, et nous activons également les hormones du bonheur (ocytocine, sérotonine, endorphine, dopamine). Et, en prenant soin de notre esprit, nous parvenons à transcender les tracas du quotidien, à être dans la gratitude, à prendre du recul et à trouver la sérénité. Ce qui a un impact direct sur la santé mentale, et donc physique. Tout est lié. Tout est important. Et, oui, tout peut être choyé en même temps. Dans une même journée, je vous invite à essayer de pratiquer une activité qui vous apporte du bien-être dans chacune de ces catégories : corps, âme, esprit. Par exemple :

- Corps : marcher trente minutes
- Âme : écrire ses pensées dans un journal cinq minutes
- Esprit : méditer dix minutes

L'important n'est pas la quantité, mais la qualité et la régularité de ces activités. Chaque jour, prenez le temps de les glisser dans votre *to-do list* ou votre agenda. Essayez d'évaluer si vous favorisez ou délaissez souvent l'un des trois pôles. Cultivez votre équilibre en ajustant vos activités pour atteindre la sérénité.

Entendre les messages du corps

Maintenant que vous avez fait un point sur votre équilibre corps-âme-esprit, revenons au corps et en particulier à son langage. Comme je vous l'expliquais juste ci-dessus, tout est lié. Si le mental ne va pas bien, il y a de fortes chances que le corps présente des signes de ce mal-être. Il n'y a qu'à voir la longue liste non exhaustive d'effets indésirables du stress sur le corps :

- problèmes de peau (eczéma, psoriasis, urticaire, acné…) ;
- problèmes capillaires (chute de cheveux, pellicules, aspect terne…) ;

- maladies cardio-vasculaires (augmentation de la coagulation du sang, infarctus, hypertension…) ;
- problèmes digestifs (brûlures d'estomac, ulcère, constipation, diarrhée…) ;
- système immunitaire affaibli (infections, virus, allergies, guérison lente…) ;
- prise ou perte de poids (métabolisme trop lent ou trop rapide, obésité, TCA…) ;
- problèmes de sommeil (insomnies, réveils nocturnes, fatigue extrême…) ;
- problèmes génitaux (mycoses, règles douloureuses, infertilité, baisse de la libido, problèmes d'érection…).

Le corps nous parle. Et quand il nous parle, c'est qu'il est temps de l'écouter. Car c'est souvent notre dernière sonnette d'alarme. Prenez l'exemple du burn-out, qui touche énormément de personnes. Peut-être que vous l'avez déjà vécu, de près ou de loin ? Le burn-out, c'est souvent l'apothéose d'une somme de stress extrême, d'une fatigue extrême, de douleurs physiques, de maladies même, parfois… C'est la sonnette d'alarme finale qui nous fait dire STOP. Ce n'est plus possible. Même si vous aviez envie de vous lever pour aller au travail, vous ne pouvez plus. Vous pleurez à l'idée même que ça se produise. Vous n'êtes plus capable, votre volonté ne suffit plus à vous faire avancer. Votre corps vous cloue sur place. Vous n'avez plus d'autre choix que de l'écouter.

Cette situation m'est déjà arrivée, et j'ai quitté un travail en plein milieu de ma journée. Je ne pouvais plus. Je n'avais plus le choix. Je devais partir et ne plus jamais y retourner. Et pourtant j'étais bien traitée, je gagnais bien ma vie, le travail était confortable. Mais, après des années d'un job alimentaire, j'ai ressenti le besoin vital de donner du sens à ce qui prenait la plus grande partie de mon temps. Alors je suis partie. Parce que je n'avais pas d'autre choix. Je savais que, si je continuais, j'allais sombrer dans la dépression, aller au travail chaque jour en pleurant.

Mais, dans une moindre mesure, j'ai aussi fait plusieurs mini burn-out. C'est-à-dire que je n'ai pas écouté mon épuisement physique et mental pendant une période donnée. J'ai poussé, poussé toujours plus. Jusqu'à ce que mon corps dise à nouveau stop. Et, comme j'ai de plus en plus appris à l'écouter, ce stop arrive plus tôt et en faisant moins de dégâts. Il m'a alors suffi d'une journée ou deux pour m'en remettre et repartir sur de bonnes bases. J'ai fini par retrouver un équilibre serein entre mes activités bien-être, mon travail, ma vie privée. C'est pour cela que je tenais à souligner l'importance de l'équilibre corps-âme-esprit. Parce que plus on le travaille, plus on arrive à écouter son corps et à identifier ses messages.

Aujourd'hui, je suis capable de différencier flemme et fatigue. Je sais si ma fatigue est légère et passagère ou si j'ai vraiment besoin de repos. Si vous avez du mal à savoir si vous manquez de motivation ou de repos, je vous invite à vous poser ces questions à chaque fois que vous pensez être fatigué·e ou « avoir la flemme » :

- Est-ce que je dors bien et assez en ce moment ?
- Est-ce que j'ai de l'énergie pour les choses qui me font plaisir ?
- Est-ce que j'ai mal quelque part ?
- Est-ce que je cherche à éviter une tâche ?
- Quelles sont les émotions que je ressens en ce moment ?
- Est-ce que, si je me repose, j'aurai plus envie de faire ce que je dois faire ?

Si vous vous trompez en pensant manquer de motivation au lieu de repos, votre corps saura rapidement vous le faire comprendre. Pour moi, ça se traduit souvent par des maux de tête, des réactions de la peau, des tensions dans la nuque et les épaules. Quand ces signes physiques apparaissent, je sais qu'il faut que je les écoute. Petit à petit, j'ai appris à lire mes symptômes et à les comprendre. Quand j'ai des réactions cutanées, cela signifie qu'il faut que je fasse baisser mon stress. Je sais que si j'ai mal au dos, il faut que je me repose et que j'allège mes journées. Si je commence à être malade, il faut que je diminue ma charge de travail et ma charge mentale. Plus j'avance, plus j'apprends à entendre et écouter les manifestations de mon corps, plus j'arrive à les lier avec mon âme et mon esprit. Mais c'est le travail de toute une vie, et il m'arrive encore de faire des mini burn-out dans des périodes de travail très chargées. Néanmoins, j'arrive de plus en plus à les repérer tôt et à rétablir mon équilibre.

Par exemple, au moment où j'écris ces mots, cela fait deux ans que je n'ai pas été malade. Même pas un léger rhume, même pas une journée. Rien. Évidemment, il y a de nombreux facteurs qui entrent en compte, comme l'alimentation, l'activité physique... Mais je sais aussi que je tombais facilement malade avant quand j'étais épuisée. Peut-être que c'est aussi votre cas ?

Ce que je souhaite vous inviter à faire à travers ce message, c'est de tendre l'oreille. Quand votre corps agit d'une façon particulière, prêtez-y attention. Que ce soit un mal de ventre, une migraine, une sciatique, de l'eczéma, un bouton de fièvre, une perte de cheveux, des ongles mous ou une maladie plus grave, réfléchissez à ce qui peut se cacher derrière cette manifestation. Parfois vous ne trouverez rien. Vous étiez peut-être au mauvais endroit au mauvais moment quand un virus costaud passait par là. Tous les maux ne s'expliquent malheureusement pas par une préoccupation mentale. Mais ça vaut vraiment le coup de se pencher sur la question. Car même si la maladie n'est pas uniquement causée par votre stress, par exemple, elle en est parfois un symptôme.

Si entendre et écouter son corps passe en priorité par l'analyse des messages physiques, c'est également l'occasion de faire appel à votre intuition. L'intuition, c'est ressentir sans réfléchir. C'est la première impression qui nous vient. Et, souvent, elle utilise le corps pour nous parler. Parfois, le corps sait avant notre mental ce qui est bon pour nous. Si vous ne « sentez » pas ce choix, ou cette personne, alors faites-vous confiance. Si vous avez mal au ventre à l'idée d'aller au travail, peut-être pouvez-vous réfléchir à changer quelque chose ? Si vous ressentez une vague de chaleur en parlant à votre ami·e, peut-être êtes-vous plus que des ami·e·s ?

Plus vous prendrez l'habitude de communiquer avec votre corps, plus ses messages seront compris rapidement. Et, finalement, moins il aura besoin de tirer la sonnette d'alarme.

Les blessures de l'âme dans le corps

Pourquoi avez-vous le corps que vous avez ? Qu'est-ce qui l'a créé et qu'est-ce qui l'entretient aujourd'hui ? Ces questions sont importantes car, bien souvent, l'alimentation ou la sédentarité ne sont que des symptômes, mais pas la véritable cause.

Le corps est un livre dans lequel écrivent l'âme et l'esprit. Le corps n'oublie rien. Il renferme en lui tout ce que nous avons vécu. Il crée des armures, il essaie de vous protéger comme il peut. Il pense faire ce qui est le mieux pour vous éviter de souffrir. Parce que quand le corps parle et que le mental ne l'entend pas, sa dernière solution est d'extérioriser. Sachant cela, je vous invite maintenant à plonger plus profondément dans votre psychologie pour peut-être découvrir de nouveaux liens entre cette dernière et votre corps.

Il existerait cinq grandes blessures de l'âme dans lesquelles nous nous retrouvons tous plus ou moins : le rejet, l'abandon, l'humiliation, la trahison et l'injustice. Elles formeraient les cinq blessures fondamentales à l'origine de nos soucis physiques, émotionnels et/ou mentaux.

C'est Lise Bourbeau, auteure de nombreux best-sellers, qui explore, dans son livre *Les 5 Blessures qui empêchent d'être soi-même,* les liens entre les blessures de l'âme (intérieures) et l'apparence physique (extérieure) d'une personne.

On dit de ces blessures qu'elles sont fondamentales, car elles sont souvent créées pendant l'enfance. Les blessures sont parfois transmises par nos proches qui les ont également, ou bien elles peuvent se produire lors d'une situation particulière. Il est tout à fait possible de ne pas avoir conscience de ses propres blessures, car elles sont souvent si profondes que notre cerveau, pour notre bien-être, choisit parfois de les placer dans son inconscient. Les blessures d'âme, conscientes ou non, deviennent le socle de notre construction en tant que personne en conditionnant nos choix, nos comportements, nos relations, nos émotions et nos réactions psychologiques.

Chaque blessure entraîne une réaction de défense que Lise Bourbeau nomme le « masque ». C'est souvent plus facile d'identifier ces réactions que la blessure elle-même. Par exemple : si je souffre de la blessure d'abandon, je vais avoir peur de la solitude et développer une dépendance aux gens. Et la chose incroyable qui nous intéresse en particulier ici, c'est que chaque blessure posséderait des caractéristiques physiques qui lui sont propres… C'est-à-dire que, juste avec votre morphologie, vous pourriez déjà commencer à identifier vos blessures d'âme. Incroyable, non ? Selon moi, c'est une piste qui mérite d'être explorée.

Voici un résumé des différentes blessures et de leurs caractéristiques, pour vous expliquer plus en détail le lien entre le corps et l'âme et vous permettre de les identifier. Pour information, nous avons souvent plusieurs blessures, et c'est tout à fait normal ! Je vous invite à essayer de mettre en lumière celle qui vous semble la plus importante.

1. LE REJET : masque du·de la fuyant·e
   - → Caractéristiques physiques : mince, élancé·e, petits yeux, contracté·e
   - → Perfectionniste, jamais satisfait·e
   - → Sujet·te aux addictions de compensation : drogues, alcool, nourriture, sexe…
   - → Se sent incompris·e
   - → Solitaire et sérieux·se

2. L'ABANDON : masque du·de la dépendant·e
   - → Caractéristiques physiques : long·ue, manque de tonus, affaissement, dos courbé, bras longs, voix d'enfant
   - → Besoin de l'approbation des autres
   - → Cherche à attirer l'attention
   - → Se pose souvent en victime, pleure beaucoup
   - → N'accepte pas qu'on lui dise non

3. L'HUMILIATION : masque du·de la masochiste
   - → Caractéristiques physiques : surpoids, visage rond, taille courte, dos douloureux
   - → Fait passer les autres avant soi
   - → Est dans le contrôle de son environnement
   - → Manque de confiance en soi
   - → Relations émotionnelles avec la nourriture

4. LA TRAHISON : masque du·de la contôlant·e
   - → Caractéristiques physiques : homme aux épaules larges, femme aux hanches larges, force et pouvoir, poitrine bombée, regard intense
   - → Charismatique
   - → Convaincu·e d'avoir raison
   - → Séducteur·ice et manipulateur·ice
   - → Ne montre pas ses sentiments

5. L'INJUSTICE : masque du·de la rigide
   - → Caractéristiques physiques : droit·e, rigide, proportions dites « idéales », taille fine, fesses rondes, yeux clairs
   - → Cherche à se montrer parfait·e
   - → Difficulté à demander de l'aide
   - → Constamment dans l'action
   - → Culpabilité de se faire plaisir

Êtes-vous parvenu·e à identifier une ou plusieurs de vos blessures ? Évidemment, les informations ne sont pas exhaustives, et parfois les caractéristiques physiques se croisent avec celles de plusieurs blessures. Mais ça peut déjà vous donner une piste de réflexion, que ce soit pour apprendre à mieux vous connaître, ou même à mieux communiquer avec vos proches. Les caractéristiques physiques sont une porte d'entrée qu'il faudra approfondir avec tous les autres éléments propres à chaque masque.

Si le sujet vous intéresse et que vous avez envie d'en savoir plus sur vos blessures mais également celles de votre entourage, je vous invite à lire le livre de Lise Bourbeau, *Les 5 Blessures de l'âme qui empêchent d'être soi-même*.

Que cette approche vous parle ou non, il est important de réfléchir à ce qui a transformé votre corps : quelles émotions, quels événements, quelles blessures, qui, quand, pourquoi ? Et quelles sont les croyances et blessures que vous portez encore aujourd'hui qui font que vous avez toujours ce corps et ces habitudes ? Prenez le temps qu'il vous faut pour réellement répondre à ces questions, de préférence par écrit.

Techniques de libération émotionnelle

Lorsque nous expérimentons un événement traumatique, le corps réagit et emmagasine du stress, bloque des émotions, déclenche un mécanisme de survie. C'est pourquoi il existe aujourd'hui de nombreuses techniques thérapeutiques de libération émotionnelle qui passent par le corps. Ces techniques peuvent vous aider à traverser une période difficile, à réduire votre anxiété ou à dépasser un trauma grâce à des actions ciblées sur le corps.

Je vais vous présenter quatre méthodes, mais il en existe d'autres : l'EMDR (*Eye Movement Desensitization and Reprocessing*), la Technique de tapotement du trauma (TTT), l'EFT (*Emotional Freedom Technique*) et la sophrologie. Je vous propose, comme pour tout, de ne garder que ce qui vous parle.

EMDR, en français, signifie « désensibilisation et retraitement par les mouvements oculaires ». Cette méthode psychothérapeutique semble très efficace dans le traitement du stress post-traumatique. On peut, en vulgarisant, apparenter cette technique à une forme d'hypnose par le mouvement des yeux. La différence principale avec l'état d'hypnose est que, en EMDR, le patient reste complètement conscient de ses pensées et se souviendra de tout.

Pour faire simple, les émotions négatives et/ou traumas seraient des « résidus d'émotions bloquées ». Pour les débloquer, on demande au patient de se focaliser sur ses émotions négatives tout en bougeant ses yeux de droite à gauche. Puis le praticien va reprogrammer positivement les émotions négatives pour dépasser le traumatisme et les remplacer par des émotions positives.

Le nombre de séances d'EMDR nécessaires varient en fonction de chaque patient et du temps qui lui est nécessaire pour intégrer les blessures refoulées ou bloquées, et pour les cicatriser.

Concernant la TTT, il s'agit d'une pratique qui permet également d'évacuer des émotions bloquées, du stress, un trauma… Cette technique consiste, comme son nom l'indique, en plusieurs petits tapotements sur des points du visage, du torse, de la main… Chaque point est lié aux méridiens de la médecine traditionnelle chinoise, comme l'acuponcture. La TTT se base sur la notion que « tout est énergie » (Albert Einstein), et c'est l'énergie qui nous traverse *via* ces différents méridiens que l'on va venir tapoter. Concrètement, le·la praticien·ne va amener le·la patient·e à penser à ses émotions négatives tout en tapant certains points spécifiques du corps pour libérer les émotions et énergies. C'est une méthode qui peut aussi se pratiquer seul·e, là où l'EMDR doit être pratiquée par un·e professionnel·le.

L'EFT est également une technique qui se rapproche beaucoup de la TTT. Elle s'appuie de la même façon sur les méridiens et sur une libération de l'énergie et des émotions par le tapotement. Et, là aussi, c'est une méthode qui peut se pratiquer seul·e. L'idée est de conserver la mémoire de l'événement qui vous a blessé·e, mais en vous libérant des émotions négatives. Pour ce faire, il faut tout d'abord identifier ce qu'on souhaite dépasser et le formuler dans une phrase simple de manière positive. Par exemple : « Même si j'ai ressenti cette émotion dans telle situation, je mérite d'être aimé·e, de m'aimer, et je mérite le meilleur. » On va alors répéter cette phrase en créant une « ronde » de tapotement. C'est-à-dire tapoter successivement plusieurs points d'acuponcture en répétant cinq ou six fois cette phrase. Cela va libérer les énergies bloquées et reprogrammer les émotions liées à l'événement traumatique.

Pour finir, j'aimerais vous parler de la sophrologie, souvent sous-cotée à mon sens pour ce type d'accompagnement. La sophrologie est une pratique thérapeutique sans aucun contact physique, qui travaille également sur le lien du corps et du mental à l'aide de la respiration, de la décontraction du corps et de la visualisation. C'est un outil de bien-être qui peut aider à évacuer le stress, un traumatisme, à arrêter de fumer, à mieux dormir, à développer sa confiance en soi… C'est aussi une méthode que l'on peut pratiquer seul·e. Lors d'une séance de sophrologie, le·la patient·e est amené·e à réaliser plusieurs exercices physiques de libération des tensions, ainsi que des exercices de respiration et d'imagerie mentale appelés « sophronisations ». Là non plus, il ne s'agit pas vraiment d'hypnose car le patient reste conscient et se souviendra de tout. La sophronisation est en quelque sorte une projection mentale guidée par le sophrologue qui mènera vers l'exploration de l'inconscient.

Chacune de ces pratiques accompagne à sa façon la libération émotionnelle et mentale à travers une approche holistique du corps et de l'âme. J'ai souhaité vous en présenter plusieurs pour vous permettre de découvrir une petite partie des options qui s'offrent à vous si vous ressentez le besoin de vous faire aider et accompagner dans un processus de libération par le corps. C'est pour moi primordial de commencer par faire le point sur sa santé mentale et psychologique, avant d'avancer plus loin dans l'attention portée au corps. Car, comme vous avez pu vous en rendre compte, bien des maux physiques peuvent traduire un blocage émotionnel, énergétique, ou tout simplement une grosse période de stress. Commencer par évaluer ses besoins psychologiques nous permet de les délier des besoins de notre corps. Ainsi, nous avançons vers une meilleure compréhension de nous-mêmes et une communication plus fluide.

Pour clôturer cette deuxième partie, je vous invite à réaliser l'exercice numéro 2 qui vous permettra peut-être de commencer à libérer ce qui a besoin de l'être, avant de passer à la suite.

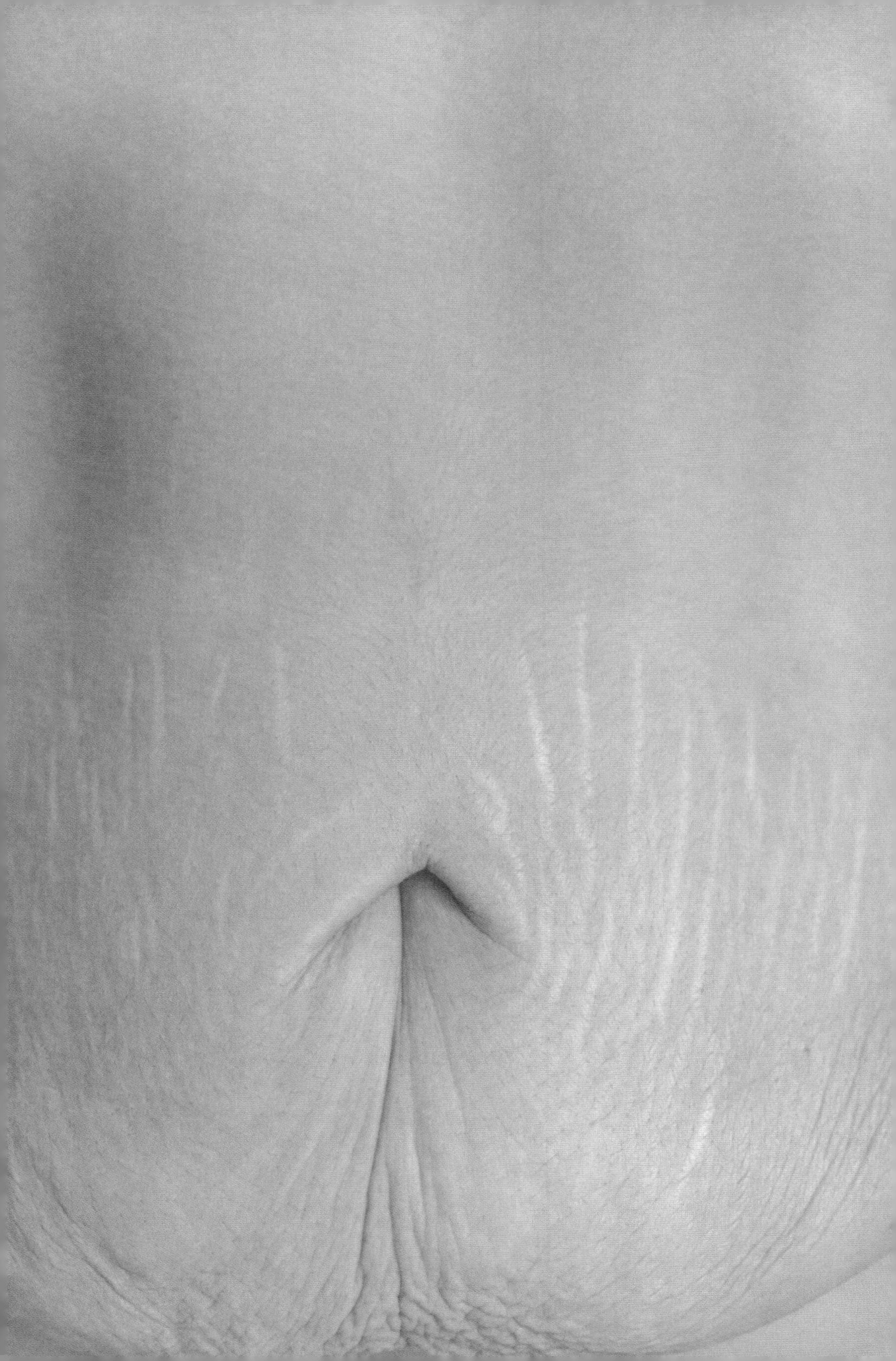

EXERCICE

LIBÉRATION DES TENSIONS

Avez-vous l'impression que quelque chose est bloqué ? Que l'énergie ne circule pas comme elle le devrait ? Que quelque chose n'est pas à sa place ? Ou bien que vous êtes différent·e et ne vous sentez pas à votre place ? Ressentez-vous comme un vide en vous ? Qu'il vous manque quelque chose ? Quelque chose vous embête, comme un caillou dans votre chaussure ? Mais nous n'arrivez pas forcément à mettre le doigt dessus et à l'enlever ?

Je vous invite à me suivre dans une visualisation qui vous permettra peut-être d'y voir plus clair et de commencer à cheminer vers la libération. Une visualisation est une projection mentale, une image, comme un film que l'on va créer dans sa tête. Vous êtes le·la scénariste et l'acteur·rice, je serai la réalisatrice qui plantera le décor. Vous ne risquez rien, vous êtes aux commandes. Vous êtes prêt·e ?

- Commencez par vous installer dans un endroit calme, confortablement assis·e, droit·e mais sans tension.
- Prenez une profonde et lente inspiration en gonflant d'abord le ventre, puis les poumons. Et expirez tout doucement comme à travers une paille, en dégonflant en premier les poumons, puis le ventre. Répétez trois fois.
- Imaginez une pluie chaude d'été qui tombe tout doucement sur vous. Elle commence à mouiller votre tête qui se

détend petit à petit. Puis votre nuque, vos épaules, votre dos... Plus vous êtes mouillé·e et plus vous êtes détendu·e. Tout votre corps finit par être recouvert de cette pluie chaude et douce.

- Visualisez maintenant que votre peau humide est devenue transparente. Vous pouvez voir toute la vie circuler dans votre corps. Votre cœur qui pompe régulièrement et calmement votre sang, vos poumons qui se gonflent et se dégonflent dans le calme le plus absolu, vos muscles qui se détendent de plus en plus...

- En parcourant tout votre corps des pieds à la tête, vous allez peut-être trouver quelques tensions. Prêtez-leur attention, et avec votre intention, en inspirant, envoyez-leur de l'apaisement et de la détente. Et, en expirant, séparez-vous de ce qui créait cette tension. Prenez le temps de faire cela pour chaque tension que vous pourriez rencontrer.

- Si vous avez des difficultés sur une tension en particulier, arrêtez-vous sur elle. Essayez d'imaginer sa couleur, sa forme, son odeur, si elle est reliée à une action ou à un souvenir, si un mot vous vient en y pensant. Laissez venir tout ce qui vous aidera à identifier la source de cette tension. Est-ce que cette tension se présente sous forme de nœud ? de trou noir ? de blessure ? de cicatrice ? Qu'est-ce qui vous vient ?

- Une fois que vous avez réussi à cerner un peu mieux cette tension, vous allez pouvoir lui apporter le soin qui lui convient. Par exemple, si c'est un nœud rouge, très serré, chaud et douloureux, vous allez émettre l'intention de le refroidir, de le desserrer doucement, de lui apporter de la douceur et du calme. Peut-être que vous n'arriverez pas à le desserrer en entier, et qu'il faudra reproduire plusieurs fois cette visualisation. Mais, petit à petit, il sera de moins en moins noué et douloureux.

- Vous n'avez pas besoin de savoir exactement ce que cette tension signifie pour vous. Mais le fait de l'avoir identifiée et de souhaiter l'accompagner dans le processus de libération vous fera déjà beaucoup de bien.

- Quand vous avez fini votre scan corporel et vos soins d'intention, vous pourrez doucement vous concentrer à nouveau sur votre respiration naturelle.

- Puis vous pourrez bouger les orteils, les doigts, et petit à petit les épaules et le dos. Soyez attentif·ive à vos ressentis corporels.

- Enfin, vous pourrez revenir à vous, et bouger, vous étirer.

Comment vous sentez-vous ? Est-ce que vous vous sentez plus détendu·e ? Est-ce que l'exercice était facile ou compliqué ? Est-ce que vous avez réussi à détendre quelques tensions ? Est-ce que vous êtes parvenu·e à les identifier ? Comment vous sentez-vous physiquement à l'endroit de ces tensions ? Est-ce que vous vous sentez plus léger·ère ? Est-ce que ça picote ? Est-ce que vous avez une douleur qui s'est amenuisée ? Prenez le temps de faire ce petit bilan corporel, et pourquoi pas de le noter pour garder en mémoire ce que vous avez ressenti pendant cette visualisation et après.

Vous pourrez bien évidemment reproduire la visualisation, mais je vous invite à ne pas le faire plus d'une fois par semaine dans un premier temps. Histoire de laisser le temps au corps et aux émotions de s'ajuster. N'hésitez pas à faire un petit bilan écrit chaque semaine pour noter les évolutions physiques et mentales que vous pourriez remarquer.

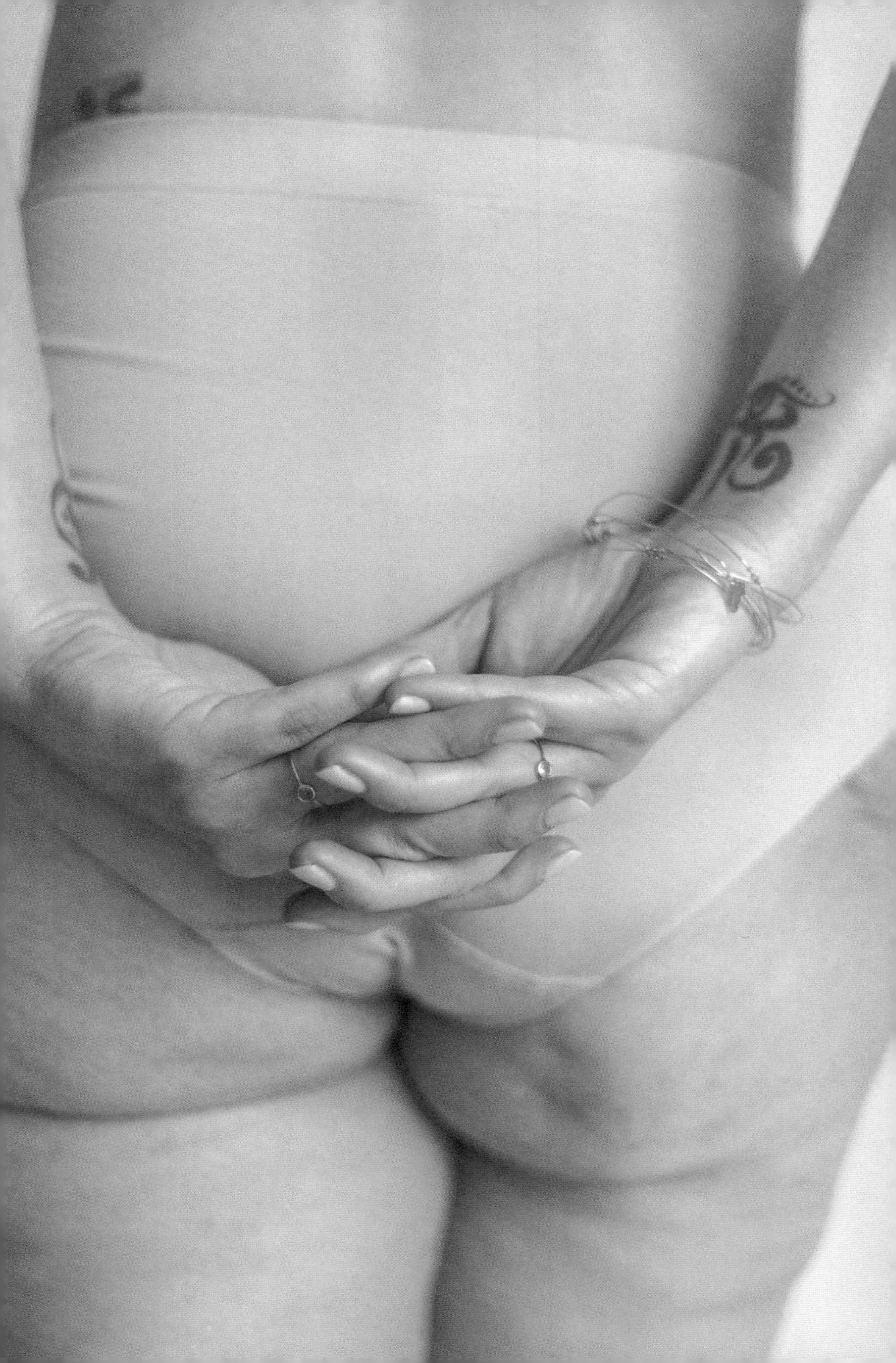

Je fais de mon mieux.

RÉPONSE DE PROFESSIONNEL·LE

NATUROPATHE

Sabrina Romeo-Dussart répond à vos questions.

« Doit-on identifier ses blessures pour avancer ? Pourquoi ? »

Est-ce qu'on est obligé·e de faire le travail pénible d'introspection pour se sentir mieux ? Est-ce qu'on ne peut pas juste décider de repartir de zéro, ou de laisser de vieux dossiers dans des tiroirs verrouillés et ne plus y toucher ? En quoi identifier nos blessures peut nous aider à mieux nous comprendre et à nous aimer davantage ? Sabrina nous répond et partage avec nous des conseils pratiques pour évacuer une émotion.

Quelques conseils pour évacuer une tension, un stress, une émotion, par **Sabrina Romeo-Dussart**, naturopathe

Bien que ce soit difficile, désagréable, voire très souvent douloureux, il est important de pouvoir identifier vos blessures afin d'avancer. Les reconnaître vous permet de les comprendre, de les dépasser et d'en guérir. En effet, ne pas identifier ses blessures ne vous permet pas de pouvoir travailler dessus, et c'est comme avancer dans votre vie avec des boulets aux chevilles. Les blessures non guéries, qu'elles soient récentes ou anciennes, impacteront votre vie, que vous en ayez conscience ou non.

Identifier, c'est pouvoir comprendre la nature de cette blessure, et ce à quoi elle renvoie. Prenez le temps de vous questionner sur elle. Que ressentez-vous ? Dans quelle(s) situation(s) cela se présente-t-il ? Est-ce toujours le même type de situation ? Depuis quand cette blessure est-elle présente chez vous ? Quel en est l'élément/l'événement déclencheur ? Etc.

Comprendre vos blessures, c'est pouvoir mettre un nom dessus et ainsi donner un visage à vos « fantômes ». En effet, il est toujours plus facile d'affronter quelque chose lorsque vous savez de quoi il s'agit, plutôt que d'avancer à l'aveugle. Vos actions seront également d'autant plus efficaces puisque vous saurez cibler la/les blessure(s) en question.

Comprendre, c'est pouvoir accueillir et accepter. En effet, que vous le vouliez ou non, cette ou ces blessures existent bien en vous. Il est donc inutile de les cacher sous le tapis pour ne plus les voir, car, un jour, vous finirez par vous prendre les pieds dedans et la chute n'en sera que plus douloureuse. Accueillez-les en vous et laissez-les s'exprimer : pleurez, criez si vous en avez besoin. Il est temps d'arrêter de museler l'expression de vos blessures (dont le message passe bien souvent par les émotions). Acceptez ce que vous ressentez et ce que représentent vos blessures. Acceptez-les, car elles font partie de votre personne et de qui vous êtes aujourd'hui. Mieux vaut les laisser s'exprimer que de les enfouir profondément, car tout ce qui ne s'exprime pas finit par s'imprimer et ressortira un jour ou l'autre sous une autre forme, qui vous obligera à l'écouter (maladies, addictions, mal-être et autres manifestations corporelles).

Accepter, c'est pouvoir agir et dépasser. En effet, accepter est l'une des étapes essentielles dans votre développement pour enfin commencer à avancer, plutôt que de vous épuiser à refuser cette blessure. Accepter ne veut pas dire vous positionner en « victime » de votre passé et vous y résigner. Bien au contraire ! C'est là une occasion d'agir et de vous positionner en conquérant·e de votre vie. Vos choix, vos pensées et vos actions vous appartiennent. Ainsi, vous pouvez décider de vous laisser porter par vos blessures ou d'agir pour les dépasser et vous en libérer. En les acceptant, vous reconnaissez leur existence ainsi que leurs conséquences sur vous, comme certains comportements que vous adoptez. Par exemple, une blessure d'abandon vous incite à adopter un comportement de dépendance affective et, ainsi, vous vous retrouverez toujours dans le même schéma de problème. Vous pouvez maintenant agir pour casser ces schémas répétitifs et les dépasser.

Agir, c'est pouvoir guérir et avancer. En agissant, vous reprenez la main sur votre vie et vous devenez acteur·rice de votre destin. Vous devenez libre de vos choix, de vos paroles et de vos comportements. Les obstacles, les échecs et les blessures font partie des enseignements de la vie pour vous aider à évoluer. Les ignorer, c'est comme refuser de grandir pour ne pas souffrir davantage. En agissant pour connaître vos blessures, vous serez plus attentif·ive à vos comportements, et donc plus à même de les modifier. Elles vous invitent à aller chercher vos ressources et à développer certaines compétences que vous n'auriez pas utilisées dans le cas contraire. Vos blessures deviennent des leçons de vie et des forces sur votre chemin d'évolution.

Vous comprenez maintenant l'importance d'identifier vos blessures pour pouvoir avancer.

Conseils pratiques pour évacuer une tension/une émotion/un stress

Il est tout à fait possible de travailler en autonomie et de manière naturelle sur une tension, une émotion forte ou encore un stress. De plus, il n'est pas nécessaire de porter une tenue ou d'être dans un lieu en particulier. Évacuer un ressenti, qu'il soit physique ou émotionnel, peut se faire en alliant à la fois le corps et l'esprit. Ce qui est préconisé est de prendre réellement le temps d'effectuer les exercices suivants, mais surtout de les réaliser en conscience.

Exercice 1 – Le karaté

Cet exercice de relaxation dynamique en sophrologie permet d'évacuer le stress ou une émotion forte vers l'extérieur et de la mettre KO afin de retrouver un état d'apaisement. L'exercice est à réaliser au minimum trois fois, par séries, et peut être renouvelé plusieurs fois dès que vous en ressentez le besoin. Il est important de respecter les temps de pause entre chaque mouvement et chaque série pour être dans le ressenti et non dans la mécanique. Le plus : visualiser le stress/l'émotion/la tension sortir en les symbolisant par une forme ou une couleur.

1. Debout, les jambes parallèles, le dos droit et les épaules relâchées, levez vos bras à l'horizontale.
2. Sur l'inspiration, amenez le bras droit à hauteur de votre épaule et bloquez quelques instants votre respiration.

3. Expirez fortement en lançant votre poing vers l'avant, puis relâchez le bras le long du corps. (Répétez le mouvement trois fois.)
4. Effectuez le même exercice trois fois avec le bras gauche, puis avec les deux bras en même temps.

Exercice 2 – L'EFT

Cet exercice de libération émotionnelle permet, comme son nom l'indique, de se défaire d'une émotion ou d'un ressenti négatif afin de retrouver un état d'apaisement. Pour que l'exercice soit efficace, il est important d'être conscient·e de ce que vous ressentez et ce qui vous pose problème. Une fois que cela est bien identifié, vous pourrez réaliser l'exercice, qui consiste à tapoter du bout des doigts certains points méridiens en répétant des phrases.

Protocole général d'EFT en trois rondes :

→ Fermez les yeux.
→ Prenez une bonne inspiration et expirez doucement.
→ Buvez une gorgée d'eau.

Affirmez à haute voix ces phrases tout en tapotant le point karaté (tranchant de la main).

« Même si je ressens cette *[nommez l'émotion]*, je m'aime et je m'accepte totalement. »

« Même si j'ai fortement *[nommez l'émotion]*, je m'aime et je m'accepte totalement. »

« Même si j'ai très *[nommez l'émotion]* et qu'elle m'empêche d'avancer, je m'aime et je m'accepte totalement. »

Puis répétez à haute voix ces phrases en tapotant les différents points comme sur l'image.

Points à tapoter	Première ronde	Deuxième ronde	Troisième ronde
1 Dessus de la tête	*(Nommez l'émotion)*	Je me sens mal.	J'en ai marre d'avoir toujours cette *(nommez l'émotion)*.
2 Coin du sourcil	Je ressens *(nommez l'émotion)*.	J'ai *(nommez l'émotion)* de…	*(Nommez l'émotion)* m'empêche d'être libre.
3 Sous l'œil	Toute *(nommez l'émotion)* en moi.	C'est plus fort que moi.	Je veux retrouver ma liberté.
4 Sous le nez	*(Nommez l'émotion)* très présente.	C'est… qui me fait le plus *(nommez l'émotion)*.	Je sais que ça viendra de moi.
5 Menton	Je suis rempli·e de *(nommez l'émotion)*.	Dès que j'y pense, j'ai envie de tout arrêter.	Même si j'ai *(nommez l'émotion)*, je veux avancer.
6 Clavicule	Elle fait partie de ma vie depuis…	Je me sens capable de dépasser ça.	Je sais que je peux la dépasser.
7 Sous le bras	Plus j'y pense, plus *(nommez l'émotion)*.	Je n'arrive pas à m'en défaire.	Je me laisse le temps.
8 Sous le sein	Tout mon corps a *(nommez l'émotion)*.	Cette *(nommez l'émotion)* me freine dans les projets.	Je crois en moi.

1
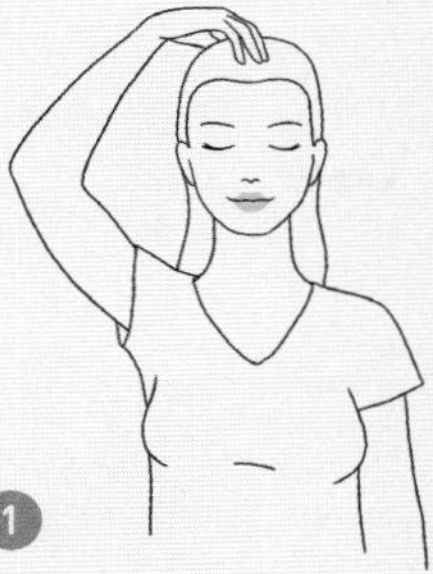

2

3

4

5
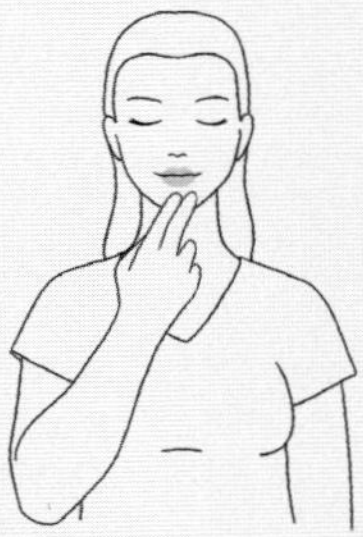

6
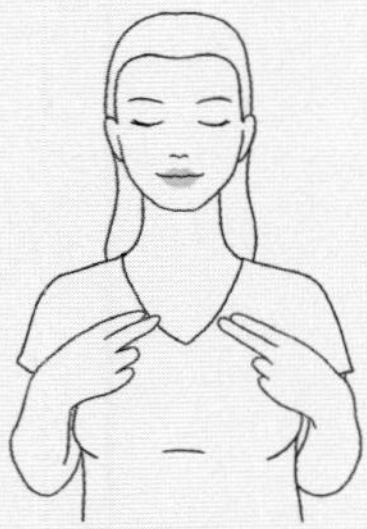

7

8
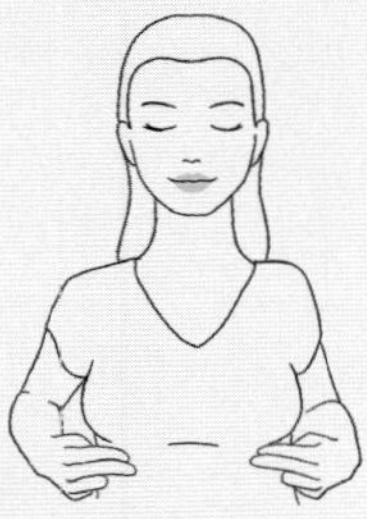

Informations complémentaires

Nom : Romeo-Dussart Sabrina
Contact :
www.sabrina-dussart.com
voyage.naturel@gmail.com
Métier : naturopathe (CENATHO et FENA), diplômée en psychologie clinique et formée à diverses disciplines comme la sophrologie, l'aromathérapie, les fleurs de Bach et l'EFT. Également auteure d'ouvrages bien-être et santé aux éditions Jouvence.

Passionnée depuis toujours par la psychologie et soucieuse du bien-être d'autrui, je me suis naturellement dirigée vers des études universitaires de psychologie avec une spécialisation en psychopathologie et clinique. À l'âge de 22 ans, on m'a diagnostiqué un cancer du sein de stade 2 m'obligeant à mettre entre parenthèses une grande partie de ma vie, afin de me consacrer aux protocoles de soins. C'est à cette période que je me suis rendu compte de l'importance du corps et plus seulement de l'équilibre psychique. J'ai donc décidé de reprendre un cursus de formation en naturopathie ainsi que diverses formations en sophrologie, EFT, aromathérapie et fleurs de Bach afin d'avoir des connaissances tant sur le plan physique que psychologique. En effet, il est nécessaire que le corps, le cœur et l'esprit vivent en harmonie.

Chaque personne étant unique par son histoire, ses blessures, ses forces et ses besoins, il me semble que l'accompagnement doit également l'être. C'est la raison pour laquelle j'utilise différents outils selon les problématiques et les besoins de chacun. La reconnexion est pour moi une clef essentielle à l'évolution et à l'équilibre. J'aime également la transmettre au travers de mes différents ouvrages.

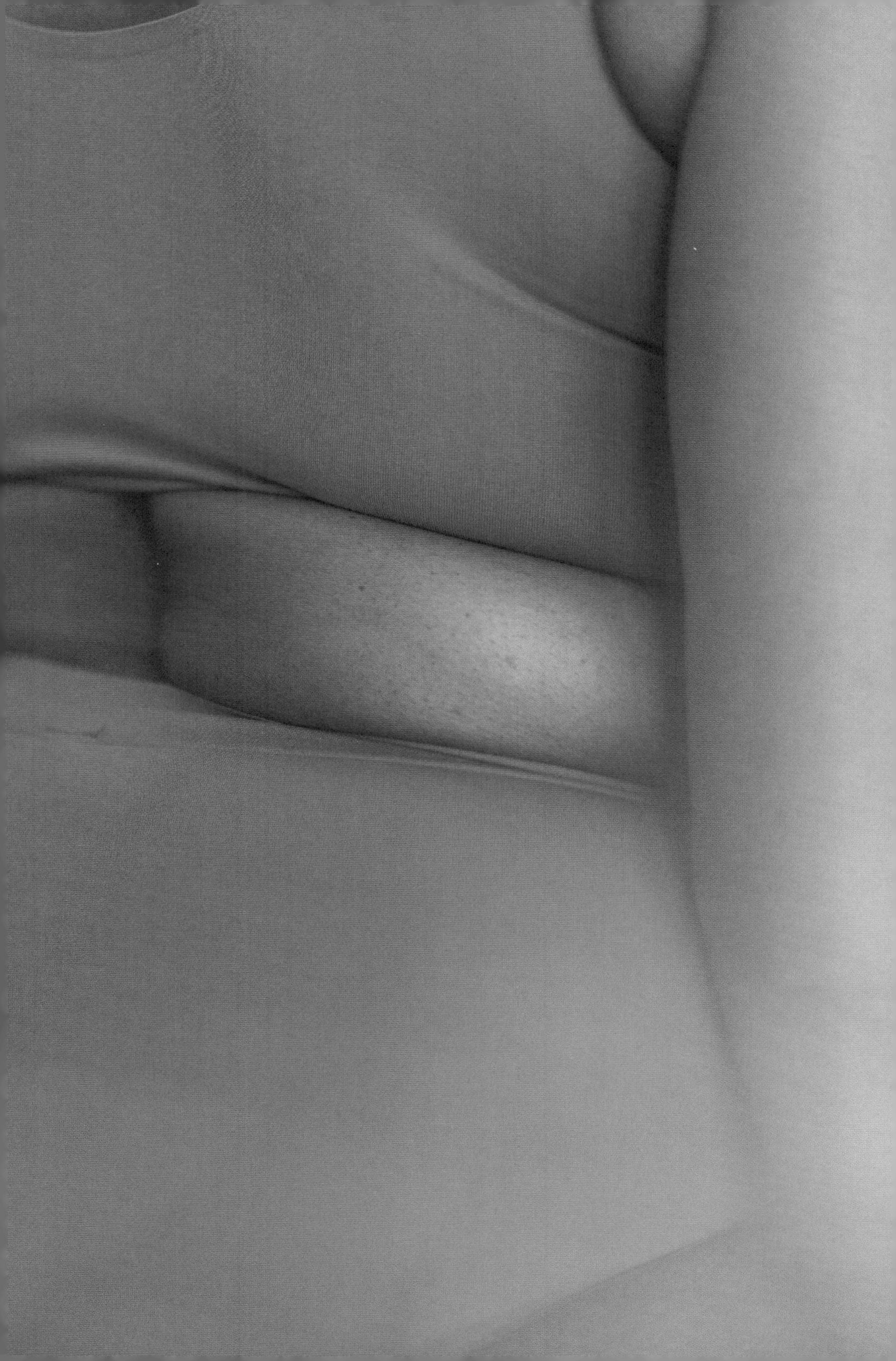

Je suis fière de moi.

3

ÊTRE DANS SON CORPS

Être dans la lune, ne pas avoir les pieds sur terre ou la tête sur les épaules, être perché·e, être là-haut, désincarné·e… Toutes ces expressions veulent dire la même chose : ne pas être présent·e dans son corps. Comment est-ce possible de ne pas être dans son corps ? Alors qu'on y est tout le temps, toute la vie ? Un petit exemple tout simple et très parlant : si vous avez le permis de conduire, sur la route, il vous est sûrement déjà arrivé d'avoir des absences de quelques secondes ou minutes. Et de vous demander comment vous étiez arrivé·e là. Votre corps est passé en pilote automatique, vous étiez dans une espèce d'autohypnose qui vous a coupé·e de la réalité physique. Vous étiez sans doute dans vos pensées. Cela nous arrive à tou·te·s, et c'est normal. Mais, parfois, nous pouvons traverser des périodes de notre vie où nous sommes très souvent dans cet état de dissociation, et où notre corps passe son temps à vivre en automatique. C'est ce qui m'est un peu arrivé aussi durant des années où je n'en prenais pas du tout soin. Pourtant, je l'aimais. Mais je n'hydratais jamais mon corps, ne le massais pas, ne faisais pas attention à ses signaux d'alerte comme les reflux gastriques. Je n'entretenais pas son bon fonctionnement, que ce soit par l'alimentation, l'activité physique ou simplement l'aspect de ma peau. J'avais un lien minimal avec lui. On ne se parlait pas, en fait. C'était une cohabitation paisible où je vivais le jour, et mon corps la nuit. Personne ne se marchait sur les pieds, mais nous n'étions pas ensemble.

Dans le chapitre précédent, je vous donnais quelques pistes pour justement renouer le contact avec votre corps, apprendre à l'écouter, à lui parler, à communiquer avec lui. Dans cette nouvelle partie, je vais aborder l'importance d'être présent·e dans son corps tout en vous prodiguant des conseils concrets pour y arriver en douceur.

Le rôle du corps

Tout d'abord, revenons sur le rôle de votre corps. Il est là pour vivre, survivre, et vous permettre d'expérimenter. Il possède plein d'outils comme les cinq sens, les membres pour avancer, saisir, couper, courir, sauter, enlacer. Les organes du plaisir pour ressentir l'extase, les émotions pour vous lier à autrui et vous en délier, et créer des liens avec le monde qui vous entoure. Il est aussi extrêmement autonome puisqu'il digère tout seul, respire tout seul, fait circuler votre sang, se régénère, apprend, grandit, change, se protège...

Et puis votre corps a aussi besoin de vous dans certaines situations. Parfois, il a besoin d'être soigné, d'être dorloté, d'être nourri avec des aliments qui lui permettent d'avoir toutes les vitamines et tous les minéraux dont il a besoin pour bien fonctionner. Il a besoin d'être écouté quand il vous dit qu'il faut vous reposer et dormir. Il a besoin que vous le mettiez en mouvement de temps en temps pour que ses muscles se développent, qu'il puisse vous apporter le soutien nécessaire pour votre dos, pour porter des cartons, pour gravir des escaliers...

En bref, votre corps est incroyable, mais il ne peut pas fonctionner complètement tout seul. Il a besoin de vous. Il a besoin que soyez à son écoute, que vous communiquiez avec lui et que vous soyez présent·e.

Votre corps est un vaisseau qui vous permet de vivre, si tout va bien, de nombreuses années. C'est un temple à chérir, à respecter. C'est un ami à écouter et pour qui il faut être présent·e. Et votre corps est aussi un puissant guerrier, capable de bien plus que ce que vous pensez. Dites-vous que si aujourd'hui vous estimez que vous êtes incapable de soulever 20 kilos à bout de bras, vous avez sûrement tort. Évidemment, vous n'y arriverez pas en un jour. Mais, par exemple, quand j'ai commencé le renforcement musculaire, j'avais des bouteilles en guise d'haltères. Maintenant, je suis capable de soulever 20 kilos et je sais que je peux aller encore plus loin ! Évidemment, ce n'est pas juste pour dire que je peux le faire, mais pour me dépasser. Pour évoluer avec mon corps, nous montrer à tous deux qu'on peut le faire, qu'on a des capacités incroyables quand on travaille ensemble ! Et je sais que je n'ai conscience que de 30 % de ce dont mon corps est capable. C'est souvent quand on fait quelque chose d'incroyable qu'on se dit qu'on n'aurait jamais cru y arriver. C'est ce qu'il s'est passé pour moi. Je n'aurais jamais cru être capable de perdre autant de poids, de faire du sport et d'aimer ça. D'enchaîner même trois séances de renforcement musculaire en une semaine. De soulever 20 kilos... Et, outre le sport, il y a tellement de choses que j'ai faites dans ma vie et que je n'aurais jamais cru possibles : quitter un travail, quitter une vie et un conjoint, lancer mon auto-entreprise, écrire un livre, écrire un deuxième livre, me lancer sur les réseaux sociaux...

Je ne vous dis pas de vous lancer des challenges dès maintenant et de repousser directement les limites de votre corps, mais vous pouvez commencer tout simplement à le ressentir.

Pour ce faire, je vous invite à réaliser un petit exercice rapide. Prêtez attention à vos cinq sens, là, maintenant, tout de suite.

- Qu'entendez-vous ? De la musique, les oiseaux, les enfants qui jouent, votre animal qui rêve, votre conjoint·e qui chantonne...
- Que sentez-vous ? L'odeur de votre maison, l'herbe coupée, votre parfum, votre lessive sur vos vêtements, la cuisine...
- Que pouvez-vous toucher autour de vous, sans bouger ? La couverture de ce livre, les pages douces, un coussin, un plaid, vos cheveux, les poils de votre animal, le bois de votre chaise...
- Quels goûts percevez-vous dans votre bouche ? Un bonbon, un chewing-gum, votre dentifrice, le goût de la pomme que vous venez de manger, de la recette que votre conjoint·e a cuisinée, la douceur du parfum des fleurs qui s'installe comme du miel...
- Et enfin, si vous levez les yeux de ce livre, que voyez-vous autour de vous ? Tout d'abord dans la pièce où vous vous trouvez, puis par la fenêtre, dans votre rue, au loin, dans le ciel...

Vous venez de passer un beau moment à profiter pleinement de ce que vous offre la présence dans votre corps. Vous pouvez réaliser ce petit exercice autant de fois que vous le souhaitez, tous les jours. Pourquoi pas à chaque fois que vous vous asseyez quelque part ? Prenez cinq minutes pour faire le point sur vos sens. Et pour remercier votre corps de ce qu'il vous offre.

Mon corps, ma maison

Grâce à votre corps, vous avez l'opportunité de vivre pleinement. C'est-à-dire ne pas le laisser en pilote automatique, mais en prendre le contrôle pour développer ses capacités. Dites-vous que votre corps est votre maison. C'est le seul endroit qui vous appartient totalement. Vous pouvez décider de laisser les murs s'effriter en vous disant que ça tiendra le temps que ça tiendra. Vous pouvez choisir d'attendre d'avoir un dégât des eaux, puis essayer de colmater la fuite sans changer la tuyauterie. Vous pouvez aussi choisir de ne rentrer chez vous (dans votre corps) que pour vous laver et dormir.

Mais il ne tient qu'à vous d'agencer votre maison/corps comme vous en avez envie pour que l'endroit soit agréable. Il n'a pas à être parfait, et de toute façon il ne le sera jamais. Je vous l'ai déjà dit, mais je le répète car c'est important : le corps est en mouvement perpétuel. Atteindre un objectif quel qu'il soit n'est jamais pérenne. Tout comme une maison qui va avoir besoin de travaux, d'aménagements, votre corps pourra aussi vous suivre au long de vos évolutions. Si vous en prenez soin, votre corps fera de son mieux pour vous faciliter la vie.

Pour commencer à être dans son corps de façon respectueuse, il faut reprendre les bases. Êtes-vous en bonne santé ? Ressentez-vous des douleurs ? À quand remontent votre dernière prise de sang, vos derniers rendez-vous chez le dentiste, chez le gynécologue, chez l'ophtalmologue, chez l'ostéopathe… ? Nous sommes nombreux·ses à attendre d'avoir mal pour nous préoccuper de notre santé. C'est une mauvaise habitude. Car, quand on a mal, il est déjà trop tard. Nous aurions souvent pu éviter d'en arriver là si nous avions effectué des contrôles réguliers et eu une bonne écoute de notre corps (cf. chapitre précédent). Je sais que ce n'est pas facile à mettre en place, j'ai moi-même encore du travail à faire là-dessus. Tout simplement parce que j'ai toujours peur d'avoir mal chez le dentiste, par exemple. Du coup, je repousse. C'est comme ça que, à 32 ans, je vais devoir me faire poser un implant, car j'ai tellement attendu pour faire poser une couronne que ma dent s'est cassée. Bref : n'attendons pas d'avoir mal pour prendre soin de notre santé.

Alors c'est le moment de programmer des rendez-vous avec tou·te·s les professionnel·le·s de santé que vous évitez. Oui, maintenant ! Pas tout à l'heure ni demain. Prenez votre téléphone, et planifiez des rendez-vous. Vous pouvez d'ores et déjà noter dans votre agenda, dans six mois ou un an, de renouveler les rendez-vous réguliers pour faire un bilan systématique. Ne mettez plus votre corps entre parenthèses. Il mérite que vous preniez le temps pour le soigner. C'est la première étape pour être présent·e et bien dans votre corps. Ne faites plus la sourde oreille à ses signaux de douleur. N'attendez plus d'avoir mal. Communiquez, anticipez et agissez.

S'ancrer dans son corps

Comment être dans son corps ? Comment être vraiment là ? Ressentir ce lien avec lui ? Le développer ? Que vous l'aimiez ou non, que vous l'acceptiez ou non, votre corps est le vôtre à l'instant T. Nous aborderons un petit peu plus loin la volonté de changer son corps. Mais, pour l'instant, je vous invite à simplement essayer de l'habiter, quel qu'il soit.

Tout d'abord, pouvez-vous retrouver un moment de votre vie, passé, proche ou lointain, où vous vous êtes senti·e bien dans votre corps ? Je ne parle pas d'aspect physique, peu importe que vous vous plaisiez ou non. Mais juste un ressenti de plénitude corporelle. Juste être bien. Ne pas avoir trop de douleurs, de raideurs, être en capacité de profiter de la vie. Vous avez du mal à mettre le doigt sur ce sentiment ? Pour moi, par exemple, c'était il y a quelques jours, quand je me suis promenée seule le long de la Seine. J'avais besoin de marcher, de me dépenser un peu. Le soleil brillait, l'air était doux et frais. Mes pas étaient réguliers et rapides, mes cheveux voletaient au vent, le soleil me chauffait le dos, je regardais les fleurs du printemps qui venaient d'éclore, j'écoutais les oiseaux et le clapotis de l'eau de la Seine. Je marchais. J'étais bien. Je n'étais pas dans mes pensées, mais dans l'instant. J'étais dans mon corps, dans tous ses ressentis. C'est un peu comme une forme de contemplation interne. Comme si mon monde intérieur et le monde extérieur fusionnaient. J'étais là et j'étais bien. Parfois, ces instants sont très fugaces, mais plus on les remarque, plus on les chérit, et plus ils se présentent à nous.

Si vous aussi vous souhaitez vous prêter à l'exercice, voici quelques suggestions non exhaustives d'activités qui vous aideront à être plus présent·e dans votre corps :

- Création (chant, peinture corporelle, poterie, dessin, musique…)
- Activité physique (sport, marche, danse, étirements…)
- Soins du corps (gommages, massages, spa, hydratation, bain…)
- Respiration (cohérence cardiaque, scans corporels, méditations…)
- Observation (regarder son corps dans le miroir, observer ses mains, redécouvrir les détails de son corps…)
- Stimulation des sens (se priver d'un sens pour redécouvrir ses perceptions)
- Connexion à la nature (balade en forêt, jardinage, observation…)
- Alimentation (manger en conscience, découvrir des aliments, cuisiner…)

Plus vous pratiquerez des activités qui stimulent votre corps, plus vous serez ancré·e dans celui-ci. Être ancré·e, qu'est-ce que cela vous évoque ? Des racines, la stabilité, la sécurité peut-être ? Ou, à l'opposé, l'immobilité, le blocage, la fermeture d'esprit, les besoins primitifs ? Dans le domaine de la spiritualité, on insiste beaucoup sur l'importance d'être ancré·e, car les personnes très spirituelles peuvent avoir tendance à négliger la matière pour accorder plus de temps et d'intérêt à leur désir d'élévation de l'esprit. Comme nous l'avons vu plus tôt, je suis convaincue que l'équilibre est primordial, et que le corps est aussi important que l'âme et l'esprit. Ainsi, vous évitez d'être trop terre à terre, ou trop la tête dans les étoiles. Vous gravitez au milieu, en prenant ce que chaque élément a à vous offrir de meilleur. Vous pouvez avoir un travail extrêmement physique et tirer des cartes-oracles. Vous pouvez être thérapeute et prendre des cours de batterie. Je vous encourage à chercher cet équilibre dans tous les aspects de votre vie. Et je vous invite, à travers ce livre, à porter une intention particulière à la présence au corps et à votre ancrage.

C'est un ancrage à la Terre, mais aussi un ancrage à vous-même. Votre corps est votre phare, votre bouée, votre bateau, et votre ancre sur laquelle vous pouvez toujours compter.

À l'écoute de sa sexualité

Comment parler du corps sans parler de sexualité ? Besoin primaire, besoin d'intimité, de connexion, de reproduction, ou asexualité… Le sexe est l'un des trois sujets principaux qui dominent le monde, avec l'argent et le pouvoir. Quelle que soit votre sexualité, quels que soient votre orientation, vos préférences, votre âge, votre corps, votre identité de genre et de sexe, quels que soient vos choix : ce sont les bons.

Notre sexualité, active ou non, est notre choix. Pratiquer ou non ne dépend que de nous. Ce que vous faisons de notre corps, avec qui nous le partageons, ce que nous offrons de nous ne regarde que nous. Vous avez l'entière liberté de votre corps, de votre sexualité et de votre plaisir. Je tiens à rappeler deux choses extrêmement importantes en matière de sexualité :

1. Le consentement est primordial et obligatoire. Assurez-vous de le demander, de le recevoir et de le donner systématiquement. Ne vous laissez jamais forcer la main, ne donnez jamais le plein pouvoir sur votre corps à qui que ce soit.

2. Tout le monde a droit au plaisir. Et chaque plaisir est différent, selon vos préférences et votre corps. Prenez le temps de vous explorer seul·e, de vous connaître. Et n'hésitez pas à communiquer avec vos partenaires pour les guider.

Peut-être êtes-vous très à l'aise avec votre sexualité, mais peut-être n'est-ce pas le cas. Peut-être n'êtes-vous pas à l'aise avec l'idée même du sexe et que, en ajoutant à cela la vulnérabilité corporelle, le moment peut s'avérer angoissant.

En fonction de votre vécu et de vos précédents rapports, il est possible que vous perceviez la sexualité comme quelque chose de douloureux, de sale, de honteux, d'obligatoire ou tout simplement de très normé. La première étape, à mon sens, est de réfléchir à ce que vous mettez derrière ce mot : « sexualité ». Qu'est-ce que cela veut dire pour vous ? Quelles sont vos attentes vis-à-vis de vous-même et d'un partenaire ? Qu'est-ce qui est indispensable pour que ça se passe bien pour vous ? Qu'est-ce que vous ne pouvez pas envisager ? Qu'est-ce que votre vécu vous a appris et enseigné sur la sexualité ? Essayer de comprendre sur quels événements et circonstances notre image de la sexualité s'est construite nous permet de mieux l'aborder mais aussi de mieux nous connaître. Si vous savez ou pensez avoir vécu un événement traumatique en lien direct avec votre corps ou votre sexualité, je vous invite à vous tourner vers un·e professionnel·le de la santé mentale pour vous accompagner.

Être à l'aise avec son corps est déjà un challenge à part entière, mais alors, pendant le sexe, c'est une tout autre histoire. En effet, même si votre image du sexe s'avère bienveillante, inclusive et positive, une sexualité active et partagée sous-entend de montrer son corps, d'accepter que quelqu'un d'autre le touche et le voie nu. Là où parfois c'est déjà compliqué de se regarder soi-même, ici on s'offre et on est à la merci de l'autre. Qu'est-ce que mon partenaire va penser de mon corps ? Et s'il me voit dans cette position ? Et si mon partenaire touche mes bourrelets ? Et s'il se rend compte que, sans mon *push-up*, j'ai une petite poitrine… ?

Gardons en tête qu'il n'y a pas plus dur critique que nous-mêmes, et que, bien souvent, l'autre est lui-même en train de se poser les mêmes questions. Nous sommes au centre de nos pensées, l'autre aussi ! Et si ce n'est pas le cas, votre partenaire est sûrement tellement heureux·se et excité·e qu'il ou elle ne voit que la sensualité de votre corps. Si jamais quelqu'un vous fait vous sentir mal à l'aise, cette personne ne mérite pas votre temps.

Être nu·e avec quelqu'un d'autre est une position de grande vulnérabilité qui s'adoucit quand elle est amenée dans un contexte bienveillant. Vous pouvez tout à fait expliquer à votre partenaire ce qui vous met mal à l'aise. Par exemple, peut-être ne voulez-vous pas qu'on vous touche le ventre. Vous pouvez préférer éteindre la lumière, être sous un drap, garder un soutien-gorge… Prenez le temps de discuter pour faire en sorte d'être le plus à l'aise possible dans ce moment d'intimité.

Petit à petit, en cultivant un climat de bienveillance, vous pourrez peut-être vous surprendre à vous dévoiler un peu plus et à prendre confiance en vous.

Avoir confiance en soi

Quand on commence quelque chose de nouveau, qu'on tente une expérience inédite, on a souvent peur d'échouer et on se sent parfois incapable de le réaliser. Puis, quand on l'a fait une première fois, tout devient alors plus facile, parce qu'on sait qu'on l'a déjà fait. Alors on sait qu'on en est capable. La confiance se construit petit à petit grâce à l'expérience.

Plus vous allez utiliser votre corps pour réaliser des activités, plus vous aurez confiance en ses capacités. Plus vous pourrez le stimuler et vous dépasser. C'est le cas dans le sport et n'importe quelle activité, discipline ou projet. C'est d'après moi la porte d'entrée de la confiance en soi la plus facile à emprunter : celle de la confiance par l'expérience physique.

C'est quelque chose que j'ai vraiment découvert en commençant le renforcement musculaire. Moi qui n'avais jamais fait ni aimé de sport, j'avais de gros doutes quant à mes capacités à ne serait-ce que réussir un exercice. À la fin de ma toute première séance, j'étais persuadée d'avoir tout raté. Jusqu'à ce que ma coach me dise que c'était super, que j'avais bien sûr des ajustements à faire, mais que j'avais bien réussi ma séance de sport ! J'étais tellement fière de moi ! Et plus les semaines et les mois ont passé, plus j'ai pris plaisir à m'améliorer, à ajuster mes mouvements et mes positions, et à augmenter les charges de mes poids. Je me suis vraiment rendu compte que pratiquer du sport me donnait confiance en mon corps et en ses capacités, mais aussi en moi. Et ça, j'étais bien loin de l'imaginer ! Réussir, me dépasser, augmenter la difficulté et voir ma progression, tout cela m'a vraiment fait du bien. Et c'est toujours le cas aujourd'hui. Même si, comme tout le monde, je ne suis pas toujours motivée pour commencer, je suis toujours super-contente, après, de l'avoir fait. Et je ressens véritablement un *booster* de confiance en moi, non seulement parce que j'ai fait ma séance, mais aussi parce que je regarde d'où je viens et que je vois la progression. La clef pour *booster* sa confiance en soi par l'expérience physique, c'est de voir qu'on est capable de progresser et de mesurer cette progression. Si vous aussi vous souhaitez développer votre confiance en vous efficacement et rapidement, voici quelques conseils pour vous aider :

- VOUS et VOUS SEUL·E devez être l'unique facteur de réussite. Ça ne doit dépendre que de vous.
- L'objectif du départ doit être petit et trop facile. Vous devez être certain·e de pouvoir l'atteindre.
- Augmentez régulièrement la difficulté, ou ajoutez de nouveaux objectifs pour continuer à progresser.
- Divisez les gros objectifs en petits pour récolter plein de petits succès réguliers.
- Ayez une unité de mesure de progression, un tableau, des photos, des vidéos, une *deadline*…
- Donnez-vous des objectifs dans une durée suffisamment courte pour qu'ils soient stimulants, et suffisamment longue pour qu'ils soient réalisables.
- Prenez du plaisir dans cette activité, et changez-en si ce n'est pas ou plus le cas.
- Réalisez cette activité pour vous, pour vous faire du bien.
- Essayez de nouvelles choses, sortez de votre zone de confort, challengez-vous !
- Ne comparez pas vos résultats avec les autres, mais uniquement avec vous-même.
- Célébrez chacun de vos succès, chacun de vos paliers, même les petits.

Pour mettre en place ce *booster* de confiance en vous, il vous faudra de la rigueur. La rigueur de vous y tenir. Mais, au bout de quelques semaines, vous allez vite instaurer un cercle vertueux qui vous aidera à continuer. Car vous allez véritablement voir les effets positifs de cette activité sur votre confiance en votre corps et en vous.

Évidemment, la confiance en soi est un sujet très vaste qui ne dépend pas que de son rapport au corps. On peut être très à l'aise et connecté·e à son corps tout en manquant de confiance. Et l'inverse est vrai aussi. Ce que je vous ai donné ici est une des clefs pour développer votre confiance, c'est une des nombreuses portes d'entrée. Et c'en est surtout une qu'on peut avoir tendance à sous-estimer, bien qu'elle soit extrêmement efficace !

Je vous invite à vous demander ce que représente la confiance en soi ultime à vos yeux. Est-ce que vous connaissez quelqu'un qui représente cette confiance ? Qu'est-ce qu'il vous manque pour l'avoir également ?

À mes yeux, la confiance en soi totale, c'est oser être pleinement soi et ne pas s'en excuser. C'est savoir s'imposer, exprimer ses idées, ne pas avoir besoin de l'approbation des autres, se suffire à soi-même, se sentir légitime, savoir être vulnérable, embrasser ses émotions, accepter ses faiblesses, être reconnaissant·e pour le corps que nous avons, ne pas avoir besoin de rabaisser les autres pour se sentir tout·e-puissant·e, assumer ses erreurs et savoir s'excuser et pardonner, être capable d'imposer ses limites et de dire non, se montrer bienveillant·e avec soi-même et les autres, savoir s'écouter, ne pas culpabiliser de prendre du temps pour soi et se reposer, être conscient·e de ses capacités et les exploiter…

Je pourrais continuer longtemps, car la liste est longue ! Et je peux vous le dire tout de suite, personne ne possède tous ces traits de caractère, tout le temps, toute la vie. Car personne n'a confiance en soi 100 % du temps. C'est normal de manquer de confiance de temps en temps. Même la personne que vous enviez pour sa confiance apparente a dû vivre et traversera encore des jours « sans ». Même les gens célèbres, riches et puissants manquent parfois de confiance en eux. Alors commençons par déculpabiliser de ne pas être toujours sûr·e·s de nous, car c'est normal.

Pour continuer dans l'évolution de votre confiance, je vous invite à vous tourner vers le développement personnel qui pourra vous donner des pistes afin de mieux vous connaître. Car, non, le développement personnel, ce n'est pas une discipline réservée aux gens malheureux ou aux cœurs brisés. On y découvre une multitude d'approches qui permettent d'identifier nos blessures, nos schémas de pensée, nos croyances limitantes… Vous avez sûrement déjà entendu cette phrase qui dit que la beauté intérieure rayonne à l'extérieur. Pour ma part, j'en suis convaincue. Enfin, plutôt que « beauté », je dirais le « bien-être ». Le bonheur intérieur transparaît sur une personne à travers son sourire, son regard, ses expressions, sa posture… Encore une fois, l'un ne va pas sans l'autre. Vous avez dans les mains un livre sur le corps qui ne s'arrête pas là et qui vous invite à aller plus loin.

Vouloir changer

« Si on veut obtenir quelque chose que l'on n'a jamais eu, il faut tenter quelque chose que l'on n'a jamais fait. » Périclès

Pourquoi le changement a-t-il une connotation si péjorative dans la plupart des esprits ? Le changement est la nature même de la vie, rien n'est éternel : les saisons, la météo, l'humeur, la jeunesse, la tristesse et la joie, la vie… Nous sommes des êtres de changement. Toute notre vie, il ne se passe pas une journée sans que nous ayons changé. Entre le renouvellement cellulaire, la perte de nos cheveux, les rides, les poils, les sens qui s'affinent ou se dissipent, les nouveaux souvenirs, les goûts qui évoluent, le travail, les amis, les rencontres… nous changeons. Et cela peut faire peur, car nous n'avons pas vraiment de contrôle dessus. Nous sommes nombreux·ses à être rassuré·e·s par la permanence de notre routine. Si quelque chose d'imprévu se produit (ce qui arrive toujours à un moment ou un autre), nous sommes tout·es chamboulé·e·s ! Le changement demande une adaptation constante, une certaine fluidité et acceptation. Car lutter contre lui ne l'empêche pas, il rend juste l'expérience plus difficile.

Le changement n'est pas une bonne ou une mauvaise chose. C'est une chose normale. Tout comme le fait de vouloir changer. On peut vouloir changer de coupe de cheveux, de décoration, de style vestimentaire, d'alimentation, de travail, de corps… On parle beaucoup d'accepter son corps tel qu'il est, de l'aimer tel quel. Mais on peut tout à fait aimer son corps et vouloir le changer. Ce fut mon cas. J'ai toujours été en paix avec mon corps, même en état d'obésité morbide. Je ne m'occupais pas assez de lui, mais nous étions en bons termes. Je le trouvais beau la plupart du temps, bien que pas toujours pratique. Quand j'ai voulu changer, beaucoup de personnes n'ont pas compris. On m'a opposé que je n'aimais pas vraiment mon corps, sinon je ne voudrais pas le modifier. Je vous dirai une seule chose : j'ai seulement choisi d'aimer encore plus mon corps, de l'aimer mieux. Et j'ai choisi de l'accompagner dans ce changement, sans pression. Si ça n'avait pas fonctionné, je n'aurais pas été déçue ou triste. J'aurais essayé.

On peut vouloir changer quelque chose sur son corps tout en l'aimant. Tout comme on peut avoir besoin ou envie de le changer pour l'aimer plus.

Le plus important, c'est de le faire pour soi-même. La seule raison qui doit vous pousser à changer, c'est VOUS. Pas la pression de la société, l'avis d'un proche, la comparaison avec une star. Idéalement, le changement devrait se faire dans le respect de vous-même, de votre corps, dans la douceur, dans la bienveillance et dans l'acceptation de toutes les éventualités. Un peu comme faire un tatouage, qui pourrait ne plus trop vous plaire dans vingt ans ou avoir un peu mal vieilli. Le changement est un acte de confiance en vous et en votre corps. Il est une décision à un moment donné, qui peut parfois être irréversible, et dont le résultat peut ne pas être à la hauteur de vos attentes. C'est pourquoi, d'après moi, réussir à être reconnaissant·e envers son corps avant d'entamer un processus de changement est très important. Car, qu'il vous plaise ou non, il vous porte. Il porte votre vie et vous permet d'expérimenter. Je pense également qu'il est important d'essayer de dialoguer et de vivre avec son corps avant de penser à le changer. En effet, comme la nature même, notre corps change tout seul. Il est impossible de retrouver le corps de ses 15 ans quand on en a 40. On peut retrouver son poids, sa morphologie, mais pas sa peau, les traces de son vécu... Et même après un changement, tel qu'une grosse perte de poids comme c'est mon cas, mon corps va continuer à changer. Je vais peut-être traverser des périodes de ma vie où je vais reprendre du poids (difficultés, grossesse, ménopause, accident...). Je suis en paix avec toutes ces possibilités, car mon corps est mon corps aujourd'hui. Je l'aimais avant, je l'aime maintenant, je l'aimerai plus tard. Même si je ne l'aimerai pas tous les jours de ma vie !

Avant tout changement, prenons le temps de savoir pourquoi nous souhaitons changer. Et laissons-nous la possibilité de changer d'avis.

Je suis unique.

EXERCICE

EMBRASSER LE CHANGEMENT

Avant de passer au prochain chapitre de ce livre qui va vous suggérer différents axes de changement pour prendre encore plus soin de votre corps, je vous propose un exercice qui vous aidera à vous préparer à passer à l'action !

Tout d'abord, je vous invite à réaliser un tableau avec quatre colonnes et à y lister, dans la première, ce que vous aimeriez changer. Tout est possible à condition que ce soit réalisable. Pour vous inspirer, je vous propose d'y inscrire :

- un objectif pour créer du lien avec votre corps (activités d'ancrage listées dans le chapitre 3) ;
- un objectif en lien avec votre bien-être mental (méditation, repos, week-end à la mer, lecture…) ;
- un objectif en lien avec les habitudes quotidiennes que vous souhaitez améliorer (réduire son temps d'écran, cuisiner plus, faire du tri, se coucher plus tôt…) ;
- un objectif santé physique (bilan sanguin, améliorer son alimentation, pratiquer une activité physique…).

Dans la deuxième colonne, mettez une croix en face des choses que vous êtes en mesure de changer seul·e. Ces choses qui ne dépendent que de votre volonté à passer à l'action.

Et, dans la troisième colonne, inscrivez une date à laquelle vous estimez réalisable d'être passé·e à l'action. Pas forcément d'avoir fini les changements, mais de les avoir entamés.

Parmi les dates les plus proches (idéalement moins d'un mois) et les changements réalisables seul·e, choisissez celui qui non seulement vous tient le plus à cœur, mais qui est le plus susceptible d'améliorer votre vie et de vous rendre plus heureux·se.

Et si vous commenciez maintenant ?

RÉPONSE DE PROFESSIONNEL·LE

SOPHROLOGUE

Alain Lancelot répond à vos questions.

« Pourquoi le corps a-t-il besoin d'être ancré ? »

Que nous souhaitions changer ou pas, nous sommes qui nous sommes aujourd'hui à l'instant T. Notre corps est ainsi, et, à part une coupe de cheveux ou un *relooking*, rien ne va avoir une action immédiate, pas même deux heures de cardio ! C'est bien là tout l'intérêt de prendre le temps de ressentir son corps, de l'habiter en pleine conscience, d'y être ancré·e. Alain vous livre ses conseils pour renouer avec vos ressentis corporels.

Quelques conseils pratiques pour se reconnecter à son corps, par **Alain Lancelot**, sophrologue

Que signifie le terme d'« ancrage » ? Ce mot regroupe deux significations aussi différentes que complémentaires selon que vous parliez du mental ou du corps. Un ancrage mental permet de garder en mémoire des actions et sentiments positifs, de façon à les réactiver à la demande lorsque vous en aurez besoin. Pour faciliter cet ancrage dans le cerveau, il est possible d'utiliser le pouvoir de la visualisation créatrice ainsi qu'un geste précis, ayant souvent recours aux doigts d'une main. Un ancrage corporel, lui, désigne le fait d'« habiter son corps », ou, si vous préférez, d'être en accord avec lui, connecté·e à ses besoins physiques autant que matériels ; l'accepter comme il est pour mieux collaborer avec lui, voire, si besoin, décider de changer en conscience ce qui ne convient pas… ou plus. De plus, une personne qui n'est pas ancrée dans son corps ne reconnaît pas ses besoins, ce qui peut développer un stress chronique et aboutir à un état dépressif, voire à un burn-out (professionnel) ou un *burn down* (sociétal).

Une personne bien ancrée dans son corps désigne à ce titre quelqu'un qui accepte son image telle qu'elle est dans la réalité du moment, sans passer par un filtre mental ou numérique. J'aime prendre l'exemple d'un arbre, lequel parle à tout le monde, et parce que la nature reste le meilleur endroit pour pratiquer un ancrage : quelle que soit la taille de cet arbre, il est toujours enraciné dans la terre, et cet enracinement lui permet de s'élever vers le ciel. Cet ancrage est essentiel pour vivre en équilibre entre votre monde intérieur et le monde extérieur avec lequel vous êtes obligé·e d'interagir.

L'ancrage dans son corps est selon moi une des composantes les plus importantes de l'apprentissage du bonheur. De plus, être ancré·e ne signifie pas s'éviter tout travail spirituel, bien au contraire : être ancré·e, c'est « savoir garder les pieds sur terre tout en caressant les étoiles », et trouver l'équilibre entre son esprit et son corps.

Suis-je ancré·e dans mon corps ?

Pour savoir si vous êtes ancré·e dans votre corps et plus généralement dans votre vie – l'un entraînant le plus souvent l'autre –, je recommande de faire un « arrêt sur image » et de prendre conscience de votre manière d'être au quotidien. Autorisez-vous un moment rien que pour vous, et répondez le plus honnêtement possible aux dix questions qui suivent. Attention : l'idée n'est pas de culpabiliser, mais plutôt de comprendre où vous en êtes au moment où vous lisez ces lignes. L'acceptation de la réalité telle qu'elle est sur le moment permet l'ancrage dans sa vie autant que dans son corps, pour la simple raison que l'on ne peut modifier que ce que l'on accepte.

1. Avez-vous souvent l'esprit ailleurs, au point d'en oublier des rendez-vous importants, et rencontrez-vous des problèmes de concentration ?
2. Avez-vous l'impression d'être spectateur·rice de votre vie plutôt qu'acteur·rice de celle-ci ?
3. Avez-vous des problèmes avec l'argent ou tout ce qui est matériel ?
4. Vivez-vous dans le moment présent ou préférez-vous vous inventer une vie « idéalisée » par l'intermédiaire des réseaux sociaux ?
5. L'actualité vous ennuie-t-elle au point de rester dans votre monde sans savoir ce qui se passe autour de vous ?
6. Vous laissez-vous influencer par le regard des autres sur vous au point de vous habiller par rapport à ce regard plutôt qu'avec ce que vous aimeriez porter ?
7. Vous sentez-vous vite dépassé·e par les événements extérieurs ?

8. Vous sentez-vous détendu·e et en harmonie avec votre corps ?
9. En cas de maladie ou de chute, avez-vous du mal à expliquer exactement l'endroit dans votre corps où vous avez mal ?
10. Avez-vous du mal à mettre des mots sur vos ressentis ?

Si vous répondez majoritairement « oui » à ces dix questions, il est clair que vous avez un travail à faire au niveau de l'ancrage, pour vivre plus en accord avec vous-même et donc avec les autres et le monde qui vous entoure.

Quelques conseils pratiques pour se reconnecter à son corps

Être ancré·e dans son corps demande au préalable une prise de conscience de la réalité telle qu'elle est, et de comprendre que cette réalité peut aussi se révéler source de plaisirs et de joie : je vous invite donc en premier lieu à revenir dans vos ressentis et à vivre plus en conscience. Apprenez par exemple à ralentir, à ne faire qu'une chose à la fois. Réapprenez à prendre le temps de faire les choses, car, même si nous sommes dans une société qui incite à aller de plus en plus vite, le cerveau humain est mono-tâche et ne sait pas bien faire deux choses en même temps. La marche étant un excellent moyen de se reconnecter à son corps autant qu'à son esprit, je vous invite par exemple à aller vous promener en forêt ou dans un parc : la nature vous aidera à vous reconnecter à vous tout en vous déconnectant du monde numérique, lequel par définition n'est pas la réalité.

Pour entamer ensuite ce travail sur vous, je vous propose plus bas deux exercices simples et efficaces pour vous aider à ralentir et à revenir dans le moment présent, tout en reprenant possession de votre corporalité et en recréant le lien indispensable entre votre corps et votre esprit.

Le premier, basé sur la respiration, vous permettra de reprendre conscience du souffle qui passe dans votre corps lorsque vous respirez, vous aidera à gérer votre stress et à revenir dans le moment présent. Vous pourrez le pratiquer dès que vous sentez que vous partez dans un monde imaginaire qui vous coupe de vous-même et de vos ressentis. Le second est un mouvement de qi gong qui permettra de refaire circuler l'énergie (le *chi*) à l'intérieur de vous tout en vous reconnectant à la Terre. Vous faciliterez ainsi la circulation de cette énergie qui manque à toute personne en déficit d'ancrage pour retrouver son équilibre.

Exercice 1

Placez-vous debout, les pieds dans l'alignement du bassin et la tête droite.

Placez une main sur le ventre et une autre au niveau des lombaires.

Fermez les yeux pour vous aider à vous concentrer ou fixez un point (végétal si vous êtes en forêt) en face de vous.

Prenez conscience du contact avec votre corps ou votre vêtement.

Inspirez par le nez en gonflant votre ventre (sans bouger votre cage thoracique) ; restez ventre gonflé quelques secondes, puis expirez par la bouche en vidant votre ventre.

Prenez votre temps pour apprécier les bienfaits de cette respiration. Vous pouvez ressentir des fourmillements aux extrémités ou une sensation de chaleur.

Astuce : pour vous aider à respirer par le ventre et non par le thorax, vous pouvez imaginer gonfler un ballon.

Exercice 2

Placez-vous debout, les pieds dans l'alignement des épaules et les bras le long du corps.

Inspirez en levant les bras sur les côtés et en tournant les paumes des mains vers l'extérieur, coudes et épaules relâchés.

Une fois les bras à hauteur des épaules, tournez légèrement votre regard vers le ciel, tout en continuant d'inspirer et de lever les bras.

Une fois qu'ils sont à la verticale, imaginez quelques instants vos bras en connexion avec le ciel, et vos pieds bien ancrés dans la terre.

Puis ramenez vos mains vers la tête pour les placer en relation avec son sommet (le chakra de la couronne, ou *bai hui*).

Visualisez un fil qui vous relie au ciel, et ressentez l'énergie (yang) descendre en vous.

Expirez, tout en abaissant lentement les bras devant votre corps, les coudes fléchis et toujours les paumes tournées vers le sol jusqu'à la hauteur du nombril (chakra sacré ou *dan tian*), puis revenez à la position initiale, les bras le long du corps.

Astuce : lorsque vous allez remonter vos bras, ayez pour intention de capter l'énergie du ciel et, lorsque vous allez les abaisser, visualisez cette énergie traverser votre corps jusqu'au sol où vous pouvez sentir celle-ci vous enraciner dans la terre.

Bon entraînement et bon ancrage. Prenez du temps pour vous... vous le méritez bien !

Informations complémentaires

Nom : Alain Lancelot
Contact : ⊕ www.alainlancelot.com
Métier : coach et sophrologue en gestion du stress, auteur et guide Shinrin-Yoku.

La notion de conscient ou d'inconscient et le lien entre le corps et l'esprit ont toujours été une source d'étude personnelle. Après une carrière de journaliste/animateur TV, un burn-out m'a amené à changer de vie. Une fois obtenues mes certifications de coach et de sophrologue, j'ai commencé mes livres, stages et accompagnements personnels, afin de partager l'équilibre de vie retrouvé, que je vis aujourd'hui entre l'Europe et l'Asie, la nature et la ville.

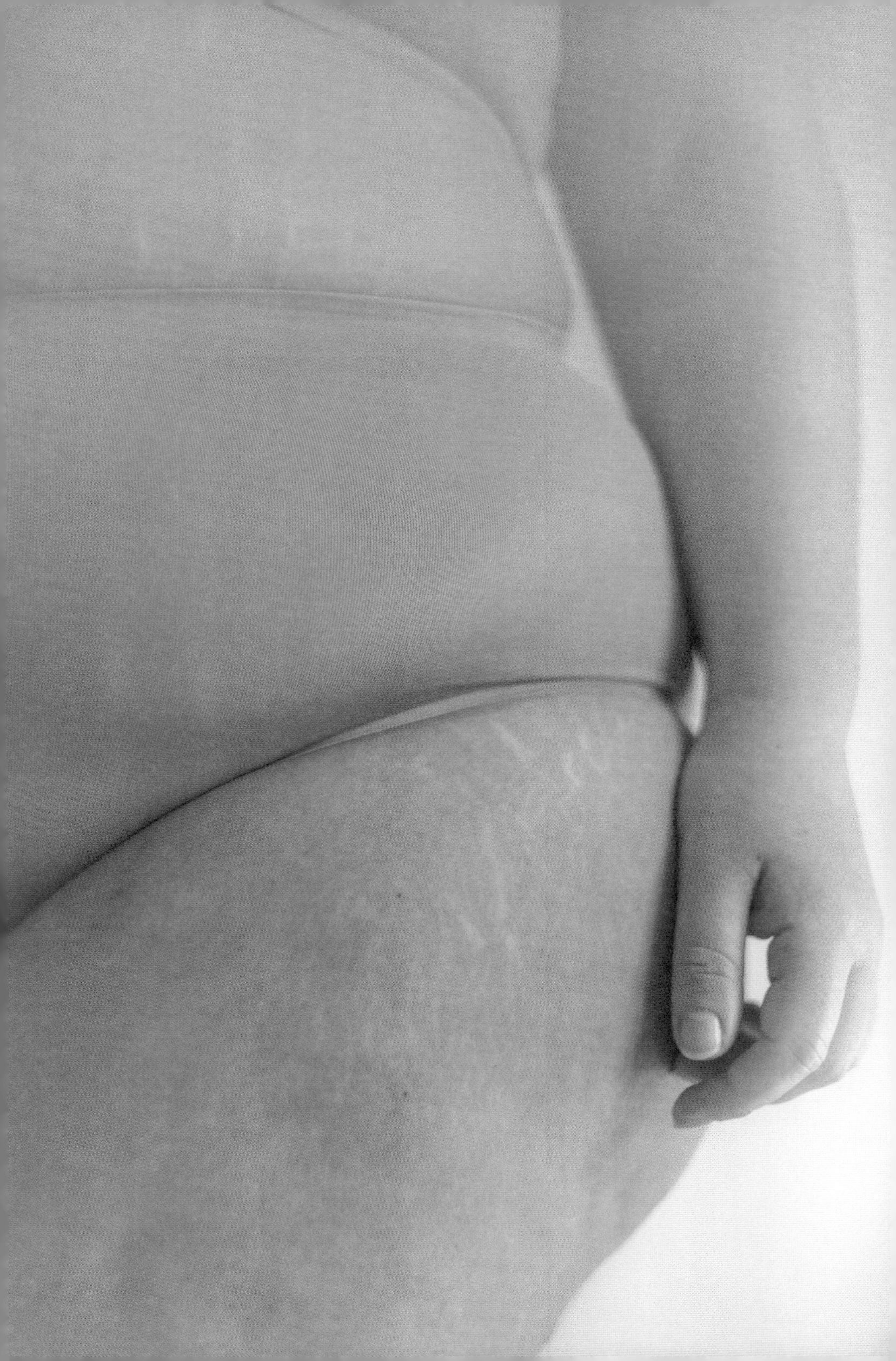

Je m'accorde
le droit de
me reposer.

4

NOURRIR SON CORPS

Avant d'entrer dans le sujet de l'alimentation, je tiens à rappeler que je ne suis ni nutritionniste, ni diététicienne, ni professionnelle de la santé. Ce que je partage ici avec vous résulte de mes découvertes et apprentissages personnels, de mes recherches et de témoignages recueillis. Le domaine de la nutrition est en évolution constante, et il y a toujours des cas particuliers, donc référez-vous systématiquement à un·e professionnel·e de santé si besoin.

L'alimentation est un très gros sujet dès qu'on commence à parler du corps. D'ailleurs, c'est souvent le premier, avec parfois le sport. Face à ma perte de poids, on m'a beaucoup demandé quel était mon « secret ». Était-ce un régime ? Est-ce que je faisais des exercices magiques ? Comment avais-je réussi ? La déception était visible sur les visages quand j'annonçais un rééquilibrage alimentaire avec déficit calorique accompagné de trois séances de musculation d'une heure par semaine. « C'est tout ? C'est aussi simple que ça ? Mais alors, il n'y a pas de miracle ? Ça demande des efforts et du temps ? » Eh non, il n'y a pas de pilule magique, il n'y a pas tel ou tel type d'exercice à privilégier. Si vous souhaitez transformer votre physique, l'alimentation est la clef de voûte. Le sport seul avec une alimentation déséquilibrée ne suffit souvent pas. Mais ce n'est pas parce que l'alimentation est primordiale que c'est la seule raison d'un surpoids ou d'une obésité. Vous n'êtes pas convaincu·e ? Cela fait plus de dix ans que je vis avec mon chéri au moment où j'écris ce livre. Dix ans que nous mangeons sensiblement la même chose. Dix ans qu'il est grand et très mince. Dix ans que je suis grande et obèse. Et si la question à se poser n'était pas seulement : « Que manges-tu ? », mais aussi : « Pourquoi manges-tu ? » Tout au long de ce chapitre, gardons bien en tête que l'alimentation est un outil, et que la nourriture n'est pas foncièrement « bonne ou mauvaise ».

C'est quoi « bien manger » ?

Il faut bien manger. Voilà, je pourrais clôturer ce chapitre ici. On serait drôlement avancé·e·s ! « Bien manger » ne veut pas dire grand-chose quand on réalise qu'il y a finalement autant d'habitudes alimentaires que de personnes sur Terre. Il n'y a qu'à voir le nombre de régimes miracles, de nouvelles tendances alimentaires, de recettes sans ou avec ceci et cela… Par exemple, vous pensez sûrement qu'il faudrait consommer beaucoup de fruits et de légumes pour une alimentation équilibrée ? Sauf que certaines personnes les digèrent très mal. Je suis convaincue qu'on ne peut pas faire de généralités en matière d'alimentation.

Alors non, je ne vais pas vous dire quoi manger, tout simplement parce que ce que je mange, moi, me correspond mais ne vous ira peut-être pas. Et, sans parler de la digestion, nous n'avons pas tous besoin des mêmes apports journaliers. En revanche, je vous invite à être à l'écoute de votre corps et à prendre le temps d'écouter ses réactions en fonction du type d'aliments que vous lui proposez. Est-ce que vous êtes fatigué·e ou en forme après avoir mangé un barbecue ? Est-ce que votre digestion se passe bien après une salade de légumineuses ? Est-ce que vous vous sentez rassasié·e après un repas au fast-food ? Vous sentez-vous ballonné·e après un café au lait ? Dialoguez avec votre corps et essayez de favoriser ce qui lui fait du bien. Vous pouvez aussi essayer de supprimer certaines catégories d'aliments que vous estimez avoir du mal à digérer pour voir si vous vous sentez mieux. Peut-être allez-vous découvrir que vous êtes intolérant·e au lactose, au gluten, que vous avez un côlon irritable, une vésicule biliaire sensible. Mais n'oubliez pas de consulter un·e professionnel·le de santé qui saura vous dire si vos suppositions sont fondées ou s'il vous suffirait juste de réduire certaines familles d'aliments pour un meilleur confort intestinal.

Être à l'écoute de son corps est le conseil le plus important que je vous donnerai dans ce livre, je crois que vous commencez à le comprendre.

Mais tout ça ne vous empêche absolument pas de manger des pizzas, des pâtisseries, des chips, de boire un verre de vin... Même si vous savez que votre corps ne digère pas de façon optimale ces aliments, vous pouvez vous accorder le droit de manger tout ce que vous voulez. Évidemment, idéalement en essayant de manger le moins transformé possible et d'avoir des apports de macronutriments qui soient équilibrés pour vous. Car n'oublions pas que la nourriture est un carburant avant d'être un plaisir. Le corps a besoin de recevoir tous ces apports pour bien fonctionner et ne pas développer de carences. Mais la nourriture n'est pas qu'un carburant, justement. Et je suis la première convaincue de l'importance de prendre plaisir en mangeant.

Je dis souvent que, durant toute ma perte de poids, j'ai mangé du chocolat tous les jours ! Et c'est vrai ! Je suis allée tous les mois au restaurant, parfois plusieurs fois par semaine. J'ai fait plein de goûters gourmands comme j'adore le faire avec mes ami·e·s. J'ai aussi plusieurs fois mangé fast-food, et puis il y a eu les repas de fêtes... Bref, je me suis toujours fait plaisir ! Et, certains jours, il est arrivé que je mange trop et mon corps n'en a pas été très content... Je me suis vite rendu compte qu'il s'était rapidement habitué à manger équilibré et en quantité suffisante, et que de gros écarts gras/sucrés n'étaient pas très bien tolérés (fatigue, digestion difficile, douleurs au ventre, diarrhée...). Comme je vous le disais plus haut, le corps nous parle. Et il sait nous dire si le carburant que nous lui donnons lui convient ou pas. Mais encore faut-il réussir à l'écouter. Ne vous inquiétez pas si c'est quelque chose de difficile pour vous ; personnellement, j'ai fait la sourde oreille pendant très longtemps. Quand je vous dis que j'ai mis des années à écouter mon corps qui n'en pouvait plus de mon mode d'alimentation, je veux dire que, pendant environ cinq ans, j'ai eu des aigreurs d'estomac absolument tous les jours. Je devais quotidiennement prendre plusieurs médicaments tellement c'était inconfortable. Les douleurs me réveillaient même la nuit ! Mais je choisissais de me dire que c'était normal, qu'il fallait vivre avec, que j'étais comme ça. C'était bien sûr complètement faux. Je mangeais trop riche, trop gras, et en trop grande quantité. Mon corps me disait qu'il ne supportait plus mon régime alimentaire. Et c'est d'ailleurs lui qui m'a dit STOP un beau matin. Comme je vous l'explique en détail dans mon *Journaling* en début d'ouvrage, d'un coup tout m'écœurait et j'ai dû jeûner pour retrouver de l'appétit.

Depuis mars 2021, début de ma transformation, je n'ai plus eu AUCUNE aigreur d'estomac. Plus aucune ! Même les jours où je mangeais plus que d'habitude. Parce que mon corps sait que ce n'est pas mon alimentation habituelle, il n'est pas agressé ; simplement, il doit travailler beaucoup plus (d'où les inconforts cités plus haut). C'est aussi pour ça que c'est OK de faire quelques excès trop riches de temps en temps. Le corps est une magnifique machine qui comprend bien que c'est occasionnel.

D'ailleurs, lors de l'excès qui m'avait rendue un peu malade, je me suis rendu compte d'une chose. Cet excès, en particulier, a duré quatre jours. C'était un long week-end de fête. Le premier jour, je savais que j'avais mangé très gras et riche, mais je me sentais bien. Le deuxième, j'ai commencé à voir que j'étais fatiguée. Le troisième, j'ai eu des soucis de digestion, et le quatrième j'étais épuisée. J'ai mis bien cinq jours à retrouver un bon équilibre corporel. J'ai bu beaucoup d'eau et j'ai repris mon alimentation habituelle. Tout est rentré dans l'ordre. Et je n'ai pas pris de poids. Si je partage cela avec vous, c'est pour vous montrer que l'inconfort s'est vraiment déclaré progressivement. Si j'avais vraiment écouté mon corps, j'aurais arrêté les excès gras et sucrés le troisième jour, et je n'aurais pas été si mal après. C'est pour cela que je tenais à vous parler de la communication avec le corps, de la nécessité d'être bien présent·e avec lui, avant d'aborder des sujets plus concrets comme l'alimentation et le sport. Parce que l'un sans l'autre n'est à mon sens pas viable. Si vous faites du sport à vous épuiser, vous risquez de vous blesser, de ne pas laisser le temps à votre corps de récupérer. Si vous mangez sans équilibrer vos apports *a minima*, votre corps va développer une digestion difficile, des aigreurs, des difficultés à dormir… Tout va de pair : les actions et l'écoute de soi.

Quand on parvient à dialoguer avec son corps, on s'arrête de manger quand on n'a plus faim, on choisit des aliments dont notre corps a envie, on comprend quels aliments on a du mal à digérer, on sait si on a faim/envie/besoin de manger, et, finalement, on n'a pas besoin qu'on vienne nous dire comment s'alimenter. Pour reprendre l'exemple de mon conjoint qui a mangé exactement comme moi pendant des années tout en ayant un corps très mince quand le mien était obèse, il ne s'est jamais forcé à finir ses assiettes. Il mange quand il a faim. Il ne va pas manger parce qu'il a envie de manger, mais parce qu'il a faim. Comme je le disais précédemment, l'alimentation est un outil, qui, quand il est utilisé avec la conscience de son corps, n'a pas besoin d'être mentalisé et rigide.

Mais, parfois, on n'entend tout simplement plus les messages de son corps, les messages de faim ou de satiété. On est parasité·e par nos émotions et notre cerveau. On peut aussi être malade et avoir développé des troubles du comportement alimentaire. Dans tous ces cas, on ne peut plus juste se dire qu'il faut écouter son corps. Parce qu'il n'a plus de voix.

Alimentation et émotions

C'est un sujet qui me tient particulièrement à cœur puisque je suis concernée : j'ai appris à mon corps et à mon mental à manger face à une émotion forte. C'est ce qui m'a permis de comprendre ma prise de poids progressive et continue depuis plus de dix ans.

Dans la partie *Journaling* de ce livre, je vous explique quand j'ai commencé à prendre du poids. Sans vraiment mettre le mot dessus : j'ai mangé ma tristesse et mon ennui pendant que mon partenaire de l'époque était parti travailler trois mois à l'étranger. La main dans l'engrenage, j'ai continué à manger ma peine, mes difficultés, mes contrariétés... MAIS je n'ai pas inventé ce mécanisme de défense, puisque cela m'avait été inculqué, entre autres, par mon éducation et la société.

Peut-être que vous aussi vous allez découvrir certains liens entre vos émotions et votre alimentation. Parce que si vous mangez quand vous n'avez pas faim, alors pourquoi mangez-vous ? Si vous mangez ces aliments jusqu'à vous rendre malade, alors pourquoi mangez-vous ?

Tout d'abord, que veut dire « alimentation émotionnelle » ou « manger ses émotions » ? Cela signifie choisir de manger plutôt que faire face à une émotion. C'est une fuite, un moyen de compenser, une ultime défense. L'émotion est parfois trop difficile à gérer, donc on fait comme on peut, et ce qu'on peut faire de mieux, parfois, c'est manger. Parce qu'avec la nourriture vient le plaisir instantané, le pic de dopamine. On peut aussi avoir simplement pris l'habitude de compenser/lier l'émotion avec l'alimentation. Et ce n'est pas toujours négatif ! Les émotions agréables aussi peuvent être liées avec la nourriture. Voici quelques exemples d'habitudes familiales/éducationnelles/sociétales/culturelles qui vont sans doute vous parler. Je les classe par émotions agréables et désagréables, et non positives et négatives, tout simplement parce que toute émotion est là pour une bonne raison. Toute émotion est là pour être ressentie.

Émotions désagréables + alimentation :

- Manger de la glace après une rupture comme dans *Le Journal de Bridget Jones.*
- Aller boire plus que de raison après un licenciement.
- Se dire qu'on a mérité un *cupcake* après une journée difficile.
- Se faire un plat de pâtes au jambon comme quand on était petit·e parce que c'est réconfortant.
- Manger énormément pour remplir un vide intérieur.
- Manger même quand on n'a pas faim pour montrer qu'on va bien.
- Grignoter par ennui ou solitude.
- Faire de ses repas les meilleurs moments de la journée.

Émotions agréables + alimentation :

- Les repas de fête type Noël, où on mange trop par tradition.
- Boire de l'alcool pour célébrer une bonne nouvelle.
- Se récompenser d'une part de gâteau après le sport.
- Se motiver avec un carré de chocolat pour finir une tâche.
- Fêter le week-end avec un barbecue.
- Finir son assiette pour montrer que c'était bon (et/ou en reprendre).
- Célébrer une belle journée avec un verre en terrasse.

Cette liste non exhaustive d'émotions agréables ou désagréables ne pose pas de problème en soi. Cela arrive à tout le monde. C'est l'association parfois systématique avec la nourriture qui peut sournoisement biaiser votre rapport à l'alimentation. Si vous ne pouvez pas vivre un moment agréable ou désagréable sans avoir besoin de l'associer à de la nourriture, c'est là que le lien alimentation/émotion peut être questionné. Je vous invite à passer en revue votre journée et ce que vous avez mangé pour voir si vous pouvez déceler ce lien. Vous pouvez remonter à votre semaine également. Est-ce que, à certaines occasions et à certains moments de la journée, vous avez lié émotion et alimentation ? Oui ?

Et est-ce que c'était par habitude, ennui, fuite, besoin, ou simplement par envie ? Encore une fois, c'est tout à fait OK de vouloir célébrer un mariage avec une coupe de champagne et une pièce montée ! C'est tout à fait OK de se faire plaisir et de manger riche, gras et sucré de temps en temps. C'est même absolument conseillé pour conserver un rapport sain à la nourriture. Ça ne sert à rien de « diaboliser » la nourriture, tout est bon avec modération. Ce qui est important, c'est d'identifier comment on s'en sert. Si pour vous manger vos émotions est systématique, si pour vous la nourriture devient un refuge, alors je vous invite à vous demander pourquoi vous mangez.

La fonction première de l'alimentation n'est pas le plaisir. On a tendance à l'oublier dans notre société d'abondance ! Le plaisir de manger est important, mais il vient après le besoin de fournir le corps en carburant nécessaire à son bon fonctionnement. C'est pourquoi il est recommandé de manger équilibré, c'est-à-dire d'ingérer assez de protéines, de glucides et de lipides, de vitamines et minéraux, d'oligoéléments... Et c'est dans le cadre de cette alimentation que nous allons ensuite nous préoccuper du plaisir. Qu'est-ce que j'aime manger ? Qu'est-ce que j'aime et dont mon corps a besoin ? Qu'est-ce que j'aime et que mon corps aime moins, mais qui me fait plaisir de temps en temps ? Le corps a besoin de sucre, de gras, de glucides, mais tout est question d'équilibre.

La notion de plaisir prend énormément de place dans l'alimentation pour beaucoup de gens. Je suis l'une de ces personnes qui voyaient leurs journées rythmées par leurs repas, et qui les attendaient comme le meilleur moment de la journée ! J'ai toujours aimé manger, j'ai toujours été gourmande et gourmet. D'ailleurs, ça fait des années que je dis que je n'aime pas cuisiner mais que je le fais car j'aime manger ! J'aime manger ! C'est OK d'aimer manger, mais si c'est votre seul plaisir de la journée, ou si c'est le plus important, le seul sur lequel vous pouvez toujours compter, votre refuge, votre doudou, alors peut-être que vous mangez vos émotions.

Pour commencer tout doucement, je vais partager avec vous quelques pistes qui m'ont aidée à délier mes émotions de mon alimentation.

Dans un premier temps, je vais simplement remarquer quand je mange mes émotions sans chercher à l'éviter et :

- Identifier quelle émotion je mange ou j'ai mangée (ennui, tristesse, solitude…).
- Ne pas hésiter à créer un carnet d'émotions pour laisser une trace des moments où je vais manger mes émotions, ce qui les déclenche, ce que je vais manger, et comment je vais me sentir après.
- Comprendre que je n'ai pas à culpabiliser car c'est, à ce moment-là, la seule façon que je connaisse pour gérer cette émotion.
- Relire mon carnet d'émotions au bout d'une semaine et voir s'il y a des points communs (même émotion déclenchante, même aliment, même personne, même journée…).

L'étape suivante, c'est la pause entre ce moment où je sens que je veux manger mes émotions et le passage à l'acte.

- J'identifie l'élément déclencheur, l'émotion qui arrive et je m'arrête un instant avant de manger.
- Je prends conscience de ce que je vais faire, c'est-à-dire compenser cette émotion *via* la nourriture.
- Je me demande si je peux faire autre chose pour soit compenser autrement que par la nourriture, soit m'occuper de cette émotion : appeler un ami, aller me promener, faire du sport, jardiner, prendre un rendez-vous avec un·e professionnel·le de santé, jouer avec mes enfants.
- Si je ne parviens pas à trouver du bien-être ailleurs que dans la nourriture cette fois-ci, c'est OK, et je le note dans mon carnet.
- Je réessaie le même procédé la prochaine fois.

Et la troisième étape, c'est de faire face à ses émotions. Si vous en êtes arrivé·e là, c'est que vous avez réussi à comprendre votre mécanisme émotionnel, et que vous avez réussi plusieurs fois à éviter de manger vos émotions.

- À chaque instant où je sens que je veux manger mes émotions, je m'arrête et je fais le point sur l'émotion et sa raison d'être.
- J'arrive à ne plus fuir mes émotions, ni à travers l'alimentation ou autre activité plaisir. Quand une émotion arrive, je prends le temps de la ressentir. L'écrire dans le carnet d'émotions est une bonne idée.

- Si je n'arrive pas tout·e seul·e à avoir le recul nécessaire, je me fais aider par un·e professionnel·le (sophrologue, psychologue, thérapeute…).

Par exemple, pour ma part, j'ai compris que, quand j'étais seule, je me sentais seule. Ma propre compagnie n'était pas assez. Je cherchais à remplir mes journées, et, si je n'avais rien à faire, je les remplissais avec mes repas. Je comblais un vide par la nourriture. Les repas sont devenus les meilleurs moments de ma journée, les moments de plaisir. Pendant que je mangeais, je n'étais plus vraiment seule et je faisais quelque chose. J'ai donc identifié que je mangeais l'ennui. Pour y remédier, et entendons-nous bien j'y travaille encore, j'ai commencé par compenser autrement, c'est-à-dire à remplir mes journées, à être débordée. Évidemment, ce n'est pas la solution idéale, mais dans un premier temps ça fonctionnait. Ensuite j'ai ralenti, j'ai pris le temps d'apprécier de ne rien faire, je me suis offert du temps. J'ai réappris ma compagnie et la lenteur. Aujourd'hui, c'est très rare que je veuille manger l'ennui. Mais ça arrive encore, c'est un travail de longue haleine. Seulement, maintenant que je connais mes fonctionnements, je les vois venir et je peux ressentir l'ennui sans avoir besoin de nourriture. Je peux même apprécier l'ennui, le rechercher parfois.

Je me suis aussi rendu compte que je mangeais mes contrariétés. Très classique, quand ça ne va pas, une bonne pizza et ça ira mieux. Je mangeais aussi mes joies. Typiquement, au début de mon coaching, je me suis dit que j'allais me féliciter tous les mois avec un cadeau. Le premier fut alimentaire, mais ce fut le dernier. La nourriture comme récompense peut très facilement créer un lien toxique avec les émotions. Donc, par la suite, j'ai choisi des fleurs, des vêtements, de la décoration… et un saut en parachute !

Bref, quand on mange ses émotions, on se rend compte qu'on peut en manger beaucoup, des agréables comme des désagréables. Alors chaque chose en son temps, commencez par identifier les situations où cela vous arrive, et petit à petit vous arriverez à y voir plus clair.

Surtout, si vous ne parvenez pas à vous en sortir seul·e, tournez-vous vers un·e professionnel·le de santé. N'hésitez pas à en parler à votre médecin traitant pour qu'il vous conseille. Il existe énormément d'accompagnements différents dans le domaine de la nutrition, j'en partagerai quelques-uns avec vous un peu plus tard. Vous pouvez aussi contacter les cinq professionnel·le·s qui ont partagé leurs témoignages dans ce livre.

Les TCA

Peut-on manger ses émotions sans avoir de trouble des conduites alimentaires ? Oui, un grand nombre de personnes créent un lien entre leurs émotions et leur alimentation sans pour autant avoir de trouble particulier. Nous l'avons vu plus haut en faisant une liste des émotions agréables et désagréables liées communément à l'alimentation. Vous pourrez d'ailleurs peut-être identifier des personnes de votre entourage qui les « mangent » régulièrement sans pour autant avoir de TCA.

Cela dit, on peut légitimement se poser la question suivante, quand on a identifié qu'on mangeait ses émotions : qu'est-ce qui est ou n'est pas un TCA ? Est-ce que mon comportement est lié à une pathologie médicale ? Personnellement, je me suis posé la question, et je vous invite à vous la poser également. Pour ce faire, voici une brève présentation des principaux troubles des conduites alimentaires. À noter, certains troubles peuvent se croiser et s'additionner.

Neuf cent mille Français sont touchés par des troubles des conduites alimentaires*. Les deux TCA les plus connus sont :

- la boulimie : ingestion de grandes quantités de nourriture, suivie de comportements compensatoires (vomissements, jeûne, exercice physique, boire de façon excessive…) ;
- l'anorexie : sous-alimentation, refus de prendre du poids parfois associé aux comportements compensatoires de la boulimie.

Mais il en existe d'autres un peu moins connus, comme :

- l'hyperphagie (absorption d'une grande quantité de nourriture) ;
- l'alimentation hyper-sélective (par exemple ne manger que des aliments rouges, ou de telle matière) ;

* Source : https://informations.handicap.fr/a-troubles-conduites-alimentaires-900000-francais-touches-30937.php.

- la potomanie (boire de l'eau pour se remplir l'estomac et ne pas avoir faim) ;
- le pica (ingestion de substances non comestibles) ;
- le mérycisme (« rumination » avec régurgitation et remastication).

Si vous vous reconnaissez dans l'une de ces pratiques, je vous invite à vous rapprocher de votre médecin traitant qui pourra vous conseiller différent·e·s professionnel·le·s de santé aptes à vous accompagner. Ne restez pas dans cette situation en vous disant que ce n'est pas grave ou que cela va s'arranger tout seul. Les TCA sont des maladies. N'hésitez pas à vous faire aider par un·e professionnel·le de santé, ce livre n'a pas à vocation à se substituer à un suivi médical ou thérapeutique.

Réapprendre à se nourrir

Les professionnel·le·s de la nutrition

Se faire aider, c'est important. Je viens de vous le redire et je vous le redirai encore. Parce qu'on espère bien trop souvent s'en sortir seul·e, que ça passe ; ou, simplement, on se dit que c'est comme ça et qu'il faut faire avec. Mais si vous sentez que la situation vous dépasse, que vous n'y arrivez pas, que vous souhaitez que votre vie s'améliore, alors demandez de l'aide.

Il est vrai que, dans le milieu de la nutrition, il existe plusieurs domaines d'accompagnement, et parfois on ne sait pas vers lequel se tourner. Comme je l'ai évoqué avec vous au début de ce livre, je suis convaincue qu'un accompagnement psychologique est très important quand on souhaite mettre en place des changements pour être mieux dans son corps. C'est même la première étape, c'est pour cela que je tenais à l'aborder avec vous avant de vous parler des professionnel·le·s de la nutrition. En voici une brève présentation pour vous aiguiller :

- diététicien·ne : professionnel·le paramédical·e de la nutrition. Il·elle a pour mission d'éduquer en matière de nutrition et d'aider ses patients à mettre en place de bonnes habitudes *via* des programmes alimentaires sur mesure ;

- médecin-nutritionniste : professionnel·le qui a suivi une formation médicale, puis une formation en nutrition. Son approche est plus médicale, et son objectif est avant tout de soigner le corps, de diagnostiquer et de prescrire des examens, des analyses ou des médicaments ;
- coach en nutrition : personne dont le rôle est de motiver, de conseiller, d'aider à changer son alimentation. La formation de coach en nutrition n'est pas reconnue par la santé publique ;
- naturopathe : thérapeute ayant une approche holistique du corps et de l'esprit. Le naturopathe s'intéresse aux habitudes de vie dans leur ensemble. Il établit un bilan de vitalité pour proposer un programme individualisé et adapté à votre mode de vie et à votre personnalité.

Dans tous les cas, rapprochez-vous de votre médecin traitant qui saura vous conseiller dans le choix de votre accompagnement.

Les régimes alimentaires

Il existe tellement de méthodes et de régimes qui vous disent exactement quoi manger et en quelles quantités sans même vous connaître ! Vous avez possiblement déjà testé un régime HYPO ou un régime HYPER ? C'est-à-dire qu'on enlève plein d'aliments, ou qu'on en ajoute beaucoup d'autres avec le même type de macronutriments (par exemple les régimes crus, sans glucides ou hyperprotéinés).

Quand on parle de régime, il faut dissocier les régimes qui visent à faire perdre du poids des régimes qui sont des modes de vie liés à des intolérances ou des préférences et choix éthiques. Une perte de poids peut découler d'un mode de vie alimentaire mais n'en est jamais le but. Par exemple je suis végétarienne, avec une alimentation végétale 80 % du temps depuis cinq ans. Cela ne m'a pas fait de perdre de poids, tout simplement parce qu'on peut manger végétalien sans manger équilibré (par exemple, les frites, c'est végétal...). Ma transformation physique s'est donc réalisée avec un rééquilibrage alimentaire végétalien pour correspondre à mon mode d'alimentation, mais ce n'est pas la clef de sa réussite.

Ce qui veut dire qu'on peut être végétarien ou végétalien et perdre du poids, mais que l'inverse est aussi vrai.

Pour mémoire :

- végétalien : exclusion de la chair animale, des produits laitiers, des œufs ;
- végétarien : exclusion de la chair animale ;
- pescetarien : exclusion de la viande ;
- flexitarien : diminution des produits animaux.

Et donc, bien sûr, il y a les régimes « perte de poids ». Il en existe tellement qu'en faire la liste remplirait tout ce chapitre !

Mais voici les plus connus :

- le régime hyperprotéiné (consommation de protéines en grande quantité) ;
- le régime hypocalorique (consommation d'aliments faibles en calories, petites quantités) ;
- le régime hypoglucidique ou cétogène (consommation très limitée de glucides) ;
- le régime paléo (exclusion des produits laitiers, céréales, aliments transformés, café, alcool, sucre, sel) ;
- le régime monodiète (consommation d'un seul type d'aliment sur une période donnée).

Tous ces régimes vont exclure ou privilégier certains types d'aliments. Je ne dis pas que ces méthodes sont bonnes ou mauvaises, mais simplement qu'à mon sens on ne peut pas uniformiser l'alimentation. Pour moi, une alimentation personnalisée est indispensable, et si vous souhaitez de l'aide pour l'équilibrer, consultez un·e professionnel·le qui pourra vous conseiller, VOUS. C'est pour cela que vous ne trouverez pas de programme-type dans ce livre. Je sais que ça peut en décevoir certains, qui s'attendaient à avoir une méthode clefs en main avec des choses à manger, d'autres à ne pas manger, des portions de macronutriments, un nombre de calories, des plages horaires pour manger... Je ne crois pas en la privation, en la frustration, en l'uniformisation. Ce que j'essaie de vous transmettre à travers ce livre, c'est l'envie de vous découvrir, vous. L'envie de vous comprendre, d'identifier ce qui vous fait du bien et ce qui ne vous en fait pas. Et surtout la volonté de créer du lien avec votre corps.

Ce peut être également l'occasion de découvrir différents types d'alimentation qui n'ont pas pour but de faire perdre du poids, mais qui peuvent vous accompagner vers un mieux-être physique et éthique.

Écouter sa faim et les envies de son corps

J'ai essayé de pratiquer l'alimentation intuitive quelque temps avant de réaliser mon coaching nutritionnel et sportif encadré. J'ai réellement pensé détenir la clef pour nourrir mon corps avec ce qu'il réclamait. Malheureusement, cette méthode n'a pas fonctionné pour moi à ce moment donné. Mais je continue d'y croire, et je vais vous expliquer pourquoi.

L'alimentation intuitive consiste à s'alimenter en fonction de ses envies, partant du postulat que le corps sait ce dont il a besoin. Si mon corps me réclame une salade de fruits pour dîner, je la lui donne. S'il n'a pas faim le matin, je ne mange pas. S'il veut manger une soupe au petit déjeuner, je le fais. S'il veut manger des pâtes au pesto au goûter... Bref, vous avez compris ! Avec ce mode d'alimentation, il n'y a aucune restriction, aucune frustration, mais une liberté totale. Et je suis convaincue que ce peut être vraiment bénéfique pour beaucoup de gens. Mais à certaines conditions :

- ne pas avoir de TCA ;
- ne pas lier ses émotions à son alimentation ;
- avoir quelques notions de nutrition.

Quand j'ai testé l'alimentation intuitive, je mangeais mes émotions et je n'avais aucune notion de nutrition. Autant vous dire qu'il était alors difficile pour moi d'entendre les besoins de mon corps. Je les confondais avec mes envies, mes émotions : « Intuitivement, mon corps me dit qu'il a envie de manger trois tablettes de chocolat. » Le corps n'a pas besoin d'autant de gras et de sucre, il ne demandera jamais une telle chose. D'ailleurs, il aura tendance à provoquer un écœurement ou des maux de ventre pour nous dire d'arrêter. C'est bien la tête, les émotions, qui interfèrent avec notre intuition et nous disent de continuer à manger. C'est pourquoi je vous invite à vous pencher sur l'alimentation intuitive SI vous savez écouter réellement votre corps et votre faim ou QUAND vous saurez le faire.

C'est sensiblement le même conseil que je vais vous donner concernant le jeûne. Qu'il soit complet (ne pas manger pendant un ou plusieurs jours) ou intermittent (manger sur des plages horaires limitées), le jeûne permettrait à votre corps de contrôler le stress, de réduire les inflammations, de réguler la glycémie, de diminuer la pression artérielle, et favoriserait une meilleure digestion. Attention : le jeûne est déconseillé aux personnes qui présentent des pathologies chroniques graves comme le diabète.

J'ai testé le jeûne intermittent avant mon coaching, sans grand résultat, pour les mêmes raisons que l'alimentation intuitive n'a pas fonctionné. Dans la pratique, le jeûne intermittent consiste à manger sur une plage horaire donnée et à ne pas manger pendant plusieurs heures. Il existe plusieurs méthodes dont :

- la méthode 16/8 : il s'agit de celle que j'ai utilisée. Manger pendant huit heures, ne pas manger pendant seize heures. Pour ma part, je dînais à 20 heures au plus tard, et je mangeais à nouveau à midi ;
- la méthode 20/4 : ici, il faut jeûner pendant une durée de vingt heures et se nourrir sur une plage horaire de quatre heures ;
- la méthode 36/12 : cette méthode consiste à jeûner trente-six heures (un jour et demi) et à manger sur une plage horaire de douze heures. On passe dans la catégorie du jeûne total alterné puisque la phase de jeûne dépasse la journée complète.

ATTENTION ! Le jeûne n'est pas un outil pour perdre du poids. Il ne consiste pas en un régime hypocalorique. Quand on pratique le jeûne intermittent, il est recommandé d'ingérer l'ensemble des calories nécessaires à notre journée sur la plage horaire dédiée. Manger moins durant les prises alimentaires risque d'entraîner des carences et de la fatigue à cause d'un apport calorique insuffisant. Autrement dit, si je saute le petit déjeuner, je vais manger son équivalence pendant mes huit heures d'alimentation. Et c'est justement ce que je n'avais pas fait quand j'ai testé la méthode 16/9. J'ai fini par perdre de l'appétit et me sous-alimenter. Résultat : je perdais du poids, mais je perdais aussi du muscle ! Lorsqu'on provoque un déficit calorique, le corps va puiser l'énergie et les protéines dans les cellules graisseuses mais aussi dans les tissus musculaires.

Depuis quelques mois, en ayant de meilleures notions de nutrition et en ayant délié mes émotions de mon alimentation, il m'arrive à nouveau de pratiquer occasionnellement le jeûne intermittent 16/9. À vrai dire, il s'impose parfois à moi quand je n'ai pas faim le matin. Mon premier repas va alors être mon déjeuner salé, et, mon dîner étant toujours autour de 19 heures ou 20 heures, mon jeûne se fait alors la nuit et le matin. Il est important de préciser que, de ce fait, je ne mange pas moins. Oui, je saute le petit déjeuner, mais je le compense plus tard dans la journée, pas forcément sous la même forme ; par exemple, je peux prendre deux goûters. Tout ça pour dire que, comme toutes les méthodes que je vous présente dans ce chapitre, l'important est de trouver ce qui vous convient, et de ne pas rester enfermé·e dans une case-type d'alimentation juste « parce qu'il faut faire comme ça ».

Écoutez vos envies, explorez toutes les possibilités de la cuisine et des goûts pour vous redécouvrir…

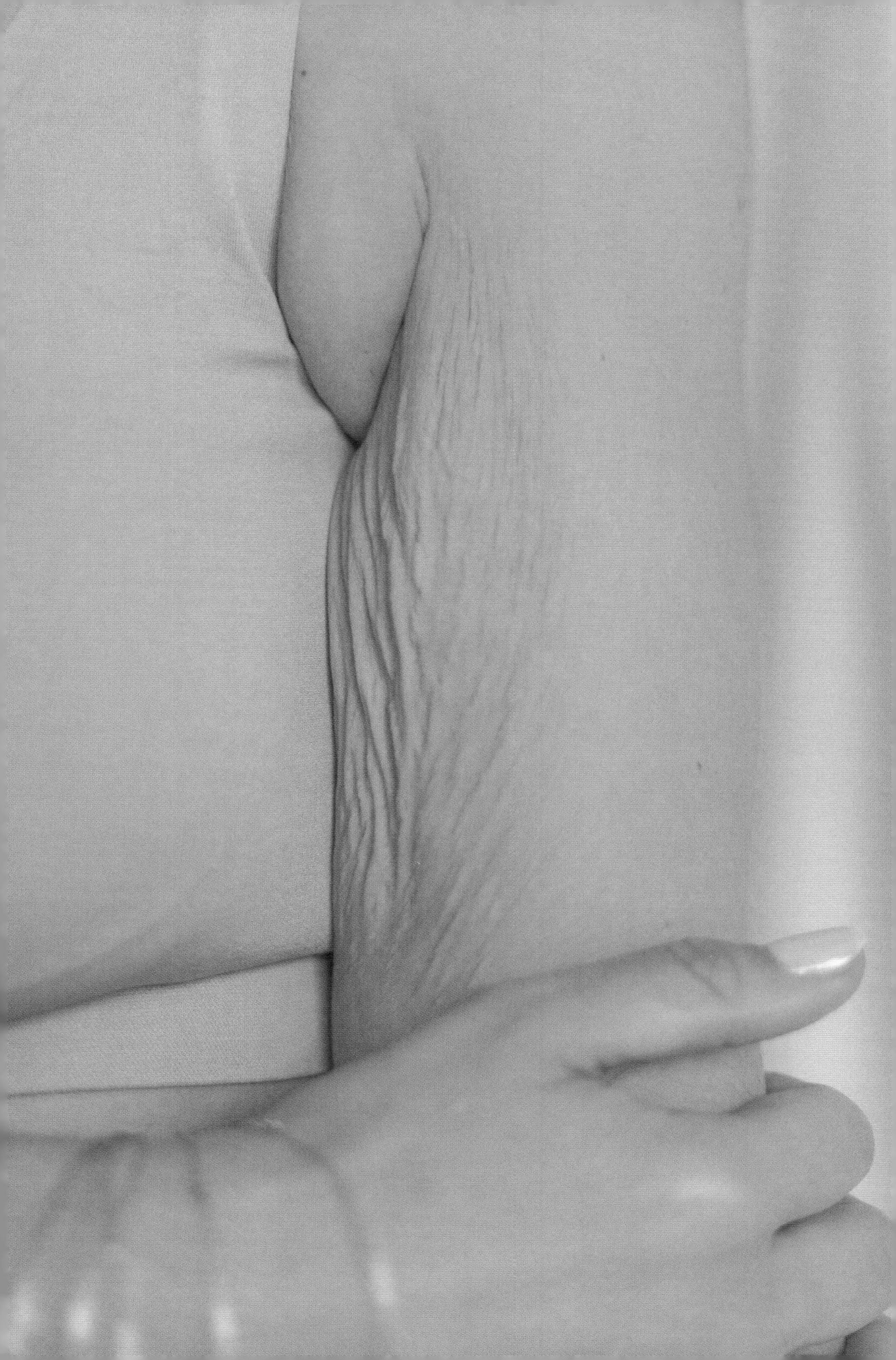

Je sais que je suis quelqu'un de bien.

EXERCICE

REDÉCOUVRIR SES GOÛTS

Manger, c'est la vie ! Oui, littéralement. Et manger, c'est un plaisir aussi. C'est un moment de partage dans la cuisine ou à table. C'est un jeu de dînette. Ce sont des souvenirs gustatifs du gâteau au chocolat de ses parents. Manger, c'est la découverte de nouvelles saveurs. C'est aussi la mémoire olfactive avec la madeleine de Proust.

Selon une publication de l'Organisation de coopération et de développement économiques (OCDE), c'est en France que l'on consacre le plus de temps à manger : deux heures et treize minutes à table chaque jour. Soit environ deux mille sept cents jours sur une vie de quatre-vingts ans !

Alors oui, manger, c'est important. Mais vous savez ce que j'ai remarqué ? Que, comme pour tout dans la vie, on a du mal à sortir de sa zone de confort. Peut-être cela vous concerne-t-il aussi ? Mangez-vous et cuisinez-vous toujours sensiblement les mêmes plats ? Achetez-vous toujours les mêmes produits ? Allez-vous dans les mêmes restaurants ? Commandez-vous les mêmes plats ? Êtes-vous toujours persuadé·e de ne pas aimer les épinards depuis que vous les avez goûtés quand vous aviez 7 ans ?

Je vous propose un petit exercice pour redécouvrir vos goûts et vous laisser une chance de vous surprendre ! Parce que nos papilles, comme nous, évoluent. Et parfois un aliment que nous n'aimions pas enfant change de camp ! Par exemple, j'ai découvert que maintenant j'adorais les jeunes pousses d'épinards, la rhubarbe, les brocolis, le chou romanesco...

Avec cet exercice ludique que vous pourrez faire seul·e, en famille ou entre ami·e·s, vous allez non seulement redécouvrir vos goûts, mais aussi passer un moment privilégié de communication avec votre corps. Vous allez être à son écoute, sans préjugé mental. C'est lui qui vous dira s'il aime ou non ce que vous lui proposez.

Alors, pour commencer, il va falloir établir une liste de courses ! Je vous invite à lister tous les aliments que vous pensez ne pas aimer. Oui, même si vous les avez déjà goûtés à nouveau depuis votre enfance ! Pas d'exception !

Ensuite, vous allez partir en quête d'une recette pour les cuisiner. À chaque aliment sa recette. Utilisez les recherches sur internet pour plus de facilité, ou les livres de cuisine de maman, ou même passez un coup de fil à mamie. Trouvez une recette qui vous tente malgré l'aliment maudit !

Ensuite... eh bien, à vos courses ! Vous allez pouvoir acheter chaque aliment et ce qu'il faut pour la recette. Et, pour ne rien gâcher, si vous ne les aimez toujours pas après notre petit jeu, pensez à les donner. Vous pouvez aussi choisir un seul aliment par semaine, par exemple. Si vous êtes en famille, vous pouvez cuisiner un aliment par personne par semaine et faire un roulement. Ensuite, vous l'aurez compris, le but est de cuisiner cet aliment avec la recette que vous aurez choisie. Et de lui donner une nouvelle chance de conquérir votre palais !

J'ai bon espoir que vous soyez surpris·e de découvrir qu'un océan d'aliments et de recettes s'offre à vous, maintenant que vous osez partir à l'aventure !

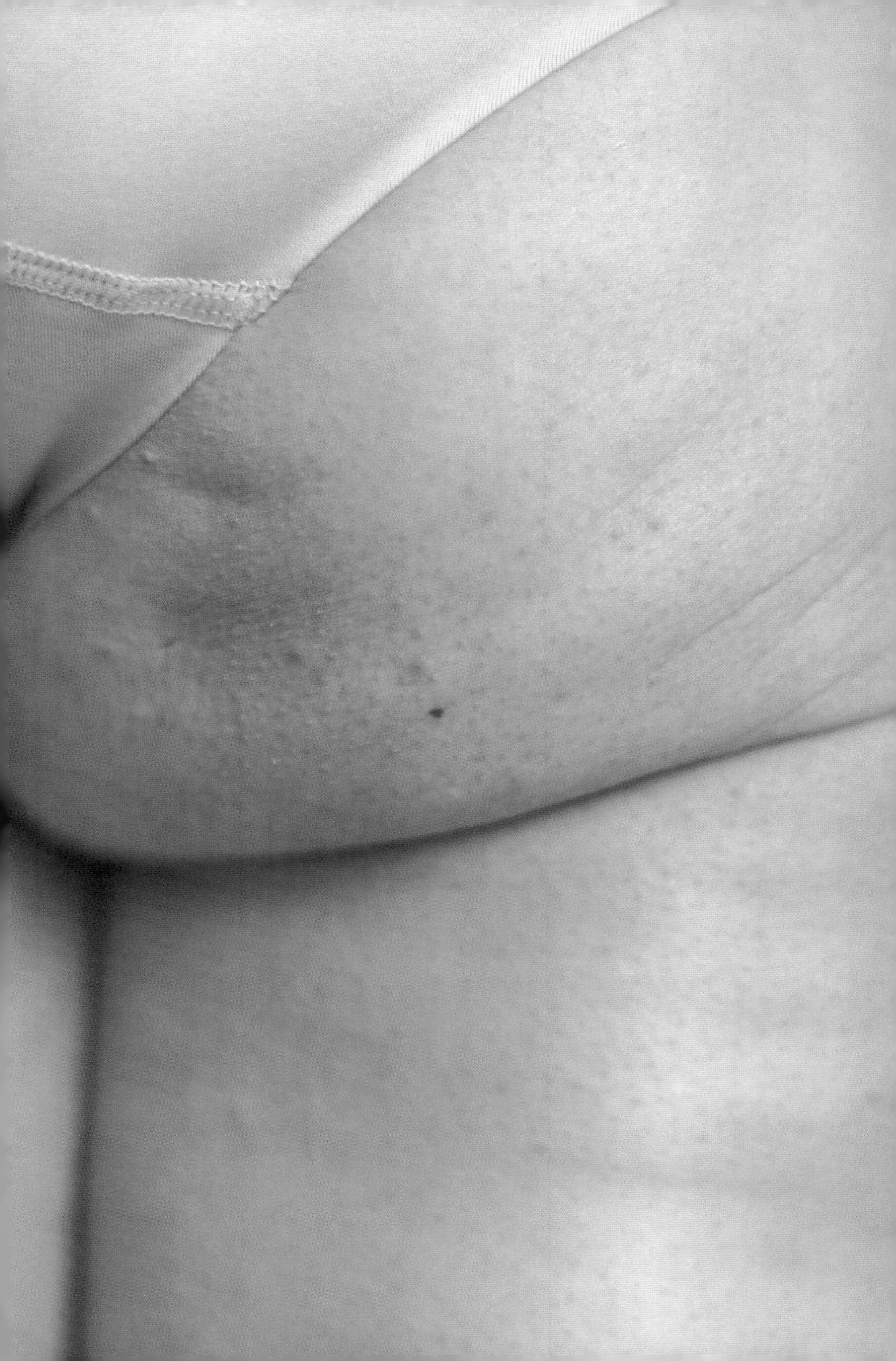

J'accueille mes émotions.

RÉPONSE DE PROFESSIONNEL·LE

PSYCHO-NUTRITIONNISTE

Émilie Garel répond à vos questions.

« Comment savoir si notre relation à la nourriture est saine ? Qu'est-ce qu'une relation saine ? »

Est-ce que je mange mes émotions ou est-ce que j'ai juste envie de sucreries ? Est-ce que je sais écouter ma faim ? Est-ce que je mange sain ? Est-ce que ce que je fais, c'est bien ? On se pose tellement de questions concernant notre alimentation, et c'est bien normal ! Tout simplement parce qu'on entend tout et son contraire ! Émilie vous propose quelques pistes pour réduire cette charge mentale et réapprendre à manger avec plaisir.

Quelques conseils pratiques pour retrouver le plaisir de manger, par **Émilie Garel**, psycho-nutritionniste

Aujourd'hui, l'information autour de la nourriture et de l'alimentation est omniprésente : publicités, réseaux sociaux, magazines...

Et, paradoxalement, ces informations sont parfois contradictoires ! Ce qui entraîne une sorte de flou dans l'esprit collectif, on ne sait plus ce qu'il « faudrait » ou ce qu'il « ne faudrait pas » manger...

Spoiler : il n'y ni « règle » ni recette magique. Notre manière de manger peut varier au quotidien, au même titre que notre activité, notre humeur, notre état de fatigue, et de nombreux autres paramètres extérieurs...

Pour évaluer si notre relation à la nourriture est saine, il est selon moi fondamental :

- → de s'observer et de poser un regard bienveillant sur ce que l'on constate, sans jugement ;
- → d'être honnête envers soi-même et de poser l'intention de changer ce qui ne nous convient plus ;
- → de revenir à soi : à nos envies, à nos ressentis, à nos sensations, à nos besoins, physiologiques mais aussi hédoniques, sociaux, épicuriens ;
- → si on en ressent le besoin, de demander conseil auprès d'un·e professionnel·le dans ce domaine (cette démarche n'engage à rien et peut amener des prises de conscience auxquelles vous n'auriez pas pensé !).

D'un point de vue nutritionnel et santé, « manger sain », c'est privilégier au maximum les légumes comme base (environ la moitié de l'assiette ou du contenant) et répartir l'autre moitié entre protéines (animales et végétales) et féculents ; en pensant bien à ajouter une source de matière grasse de qualité.

C'est aussi bien s'hydrater, limiter les sucres, l'alcool et les matières grasses saturées.

« Manger sain », c'est aussi varier les ingrédients bruts (le moins transformés possible), de qualité, locaux et de saison, bio ou non traités chimiquement, pour apporter au corps les nutriments dont il a besoin, les fibres et les pré- et probiotiques bénéfiques pour notre microbiote et notre digestion, et donc notre humeur et notre équilibre émotionnel !

Au niveau comportemental, la relation à la nourriture est saine quand manger est intuitif et répond aux signaux physiologiques, aux besoins du corps : écouter, reconnaître et respecter ses signaux de faim et de satiété, en y alliant le plaisir sans culpabiliser. Réapprendre à le faire si nécessaire, au travers de l'alimentation en (pleine) conscience, par exemple.

Nuance importante, nous sommes des êtres sociaux et émotionnels, il est donc tout à fait humain de manger sans forcément avoir faim et même au-delà de ses besoins, occasionnellement (repas de fête, déplacements, invitations…) !

Comment retrouver son sentiment de faim quand on ne l'a plus ? Comment savoir si on mange trop ou pas assez ?

Le corps se régule naturellement, l'absence de faim indique généralement que le corps n'a pas besoin de nourriture pour le moment, même si c'est l'heure habituelle du repas. Il peut alors être intéressant d'attendre que la sensation de faim revienne avant de manger à nouveau (souvent entre quelques heures et un jour ou deux), tout en continuant de bien s'hydrater en buvant de l'eau.

Stimuler le métabolisme en bougeant davantage, en se musclant en douceur peut aussi aider à retrouver la sensation de faim.

Si la sensation de non-faim perdure, cela peut aussi être le signe d'une déprime plus profonde ; pensez à en parler à votre médecin ou à contacter un·e professionnel·le de santé.

Pour savoir si je mange trop ou pas assez, il suffit d'observer mon corps : là encore, il va se manifester ! Trop, je peux prendre du poids, me sentir serré·e dans mes vêtements, ballonné·e, léthargique... Pas assez, je peux à terme me sentir fatigué·e, perdre mes cheveux, tomber malade plus souvent...

Ces conseils sont généralistes, il est bien sûr important de suivre les recommandations médicales selon votre situation, si vous êtes concerné·e.

Le « régime » alimentaire idéal, lié au poids d'équilibre, serait de manger quand on a faim physiologiquement et de s'arrêter dès que l'on se sent rassasié·e, voire un peu avant (le fameux Hara Hachi Bu des Japonais !).

Une relation saine à la nourriture laisse également la nourriture à sa juste place : elle n'est pas ou plus un sujet (de tension, de mal-être, d'exclusion, de honte, d'excuse, de compensation à quelque chose d'autre...).

Notre relation à la nourriture reflète aussi la qualité de la relation que l'on a à soi-même : se nourrir de manière saine, c'est agir pour se faire du bien, de manière écologique et respectueuse de soi et de son environnement, dénuée le plus possible de charge mentale et émotionnelle. Même si c'est OK de manger pour se calmer ponctuellement !

Cela revient à trouver l'équilibre, celui qui convient à chacun, entre l'utilisation de nos connaissances en nutrition au service de notre santé ET la recherche de plaisir, de partage, de convivialité.

En d'autres termes : sortir du mental et du vouloir « faire bien », écouter les besoins de son corps, se faire plaisir avec une touche de bon sens en se basant sur ses connaissances !

Quelques conseils pratiques pour retrouver le plaisir de manger

Manger est un besoin vital avant tout.

Retrouver le plaisir de manger implique qu'on l'a perdu. Il me paraît donc intéressant d'aller voir ce qui est à l'origine de cette perte d'envie, de plaisir.

- « En quoi manger ne me procure-t-il plus de plaisir ? »
- « Qu'est-ce qui fait que je n'ai plus envie de manger ? »

Puis, une fois l'origine identifiée, se reconnecter aux moments où manger a été un plaisir, comment, dans quelles circonstances, avec qui…

- « Quand/où/avec qui manger a déjà été source de plaisir ? »
- « Comment je me sentais à ce moment-là ? »
- « Qu'est-ce qui a changé aujourd'hui ? »

Et se demander :

- « Qu'est-ce que je pourrais réinstaurer pour me reconnecter à ce plaisir ? »

En pratique :

- prendre le temps de se demander ce qui nous fait vraiment envie ;
- s'offrir des produits de qualité, qui ont du goût ;
- ajuster les quantités qui nous conviennent ;
- varier les associations, les assaisonnements ;
- respecter nos convictions (idéologiques, environnementales…) ;
- écouter nos sensations de faim et de rassasiement (spécifiques pour un aliment, et globales pour tout le repas) ;

→ oublier les catégories « autorisées »/« interdites » et « s'autoriser » à se faire plaisir une bonne fois pour toutes !

Quand on mange, on nourrit son corps, et aussi ses sens, son cœur, son âme, son esprit.

Informations complémentaires

Nom : Émilie Garel, coach mieux-être – alimentation émotionnelle – psycho-nutrition & EFT
Contact :
emiliegarel@gmail.com
@emilie.garel_psychonutrition
Métier/formations : psycho-nutritionniste, praticienne EFT

J'ai toujours été attirée par la santé au naturel : après un master en nutrition-santé et une expérience au Japon dans les « *healthy & functional food* », j'ai cocréé une start-up de coaching nutritionnel, pour rapidement prendre conscience de l'impact des régimes restrictifs sur les variations de poids et le développement des troubles des conduites alimentaires (hyperphagie, boulimie, anorexie, orthorexie…). Je me suis alors formée en psychologie du comportement alimentaire, pour proposer ma propre approche multi-dimensionnelle et holistique. Je suis également praticienne EFT (*Emotional Freedom Technique* ou *Tapping*), une approche psychocorporelle qui permet de libérer les blocages émotionnels et d'apaiser les compulsions. Aujourd'hui, j'ai à cœur d'aider les femmes ultrasensibles et impactées par les régimes restrictifs et l'effet yoyo à retrouver le chemin vers l'estime de soi et l'amour de qui elles sont vraiment !

Je m'offre
du temps
de qualité.

5

VALORISER SON CORPS

Mot après mot, exercice après exercice, vous avancez doucement vers plus de lien avec votre corps. Vous le sentez peut-être ? Attardez-vous un instant pour l'écouter avant de poursuivre votre lecture. Vous pouvez vous boucher les oreilles et fermer les yeux pour être encore plus attentif·ive à vos sons internes. C'est tout un univers qui vit en vous.

Je vous propose dans ce dernier chapitre d'offrir encore plus de temps, d'attention et d'amour à votre corps ! Assez curieusement, je vois souvent des gens qui essaient de commencer par ces étapes : la mode, le maquillage, le sport, les bonnes habitudes… Mais si j'ai choisi d'aborder ces sujets en dernier, c'est bien parce que, à mon sens, ils ne sont que la cerise sur le gâteau. Il n'est pas indispensable de mettre en valeur son corps. Et c'est parfois très compliqué, surtout quand on ne l'aime pas. Si vous êtes aujourd'hui dans une relation conflictuelle avec votre corps, je vous invite à vous attarder à nouveau sur les chapitres précédents pour continuer ce travail de communication et de gratitude. Vous pouvez toutefois continuer votre lecture en gardant en tête qu'il n'est pas nécessaire d'aimer son corps pour se sentir bien dans celui-ci. Privilégiez le confort, les belles matières, les couleurs qui vous inspirent, le BIEN-ÊTRE, littéralement : être bien. On peut tout à fait mettre en valeur son corps sans avoir envie de le montrer. D'ailleurs, c'est uniquement pour soi, et pas pour les autres, que je vous invite à vous chouchouter.

Dorloter sa peau

Je vous ai beaucoup parlé du lien entre le corps, l'âme et l'esprit, de la nécessité d'être ancré·e dans son corps, d'écouter son langage et de le nourrir de l'intérieur. Il est maintenant temps de le nourrir de l'extérieur ! C'est sur votre peau, le plus grand organe du corps humain, que je vous propose de vous attarder. Comment décririez-vous votre peau de façon neutre, sans aucun jugement de beau ou de moche ? Quelle est sa couleur ? Est-ce que vous avez des taches de rousseur, des grains de beauté, des taches de naissance, des boutons, des poils, du vitiligo, des cicatrices, des vergetures, des pores, des capitons ?

Votre peau est votre carte au trésor, elle fait de vous une enveloppe unique qui ne ressemble à aucune autre ! Chaque petit élément, que vous estimez être une imperfection ou non, est là pour une raison. C'est une singularité qui fait partie de vous.

Touchez maintenant votre peau avec la pulpe de vos doigts, redécouvrez sa texture, sa chaleur, ses aspérités. Vous pouvez commencer par les mains, par exemple, le visage, ou n'importe quelle partie de votre corps avec laquelle vous vous sentez le plus à l'aise.

Cette peau qui est la vôtre ne sera plus jamais la même. Le temps et l'expérience vont la marquer, la transformer. Savourez votre peau telle qu'elle est aujourd'hui, car demain son élasticité vous rendra peut-être nostalgique. Nous avons tendance à nous rendre compte de ce que nous possédons une fois que nous l'avons perdu. Par exemple, étant adolescente, à aucun moment je ne me suis délectée de ne pas avoir de ridules ou de rides. C'était normal ! Mais aujourd'hui, alors que je les vois apparaître doucement, je réalise que j'ai passé trente ans de ma vie avec une peau toute lisse sans vraiment l'apprécier ! J'accueille les marques du temps qui passe avec beaucoup de gratitude, car elles sont le symbole d'une vie bien vécue, de sourires, de rires et de beaucoup d'autres émotions. Mais ce que je veux vous communiquer à travers cet exemple, c'est que même si votre peau, et plus largement votre corps, ne vous plaît pas aujourd'hui, qui sait comment il sera demain ? Peut-être que vous vous rendrez compte qu'il n'était finalement pas si mal, ce petit corps…

Alors, pour prendre soin de votre peau dès aujourd'hui, je vous propose de mettre en place une routine de soins. Il vous suffit de dix minutes maximum lors de votre douche pour la réaliser. C'est une suggestion que vous pouvez bien entendu adapter.

- Avant votre douche, brossez délicatement à sec votre peau avec une brosse prévue à cet effet. Vous allez réaliser un gommage doux qui va stimuler le renouvellement cellulaire et la circulation sanguine. Commencez toujours des pieds vers la tête, et des mains vers le torse (trois minutes).
- Après votre douche, hydratez tout votre corps avec un soin qui vous convient. Personnellement, j'aime beaucoup les huiles en hiver ou le matin, et les laits le soir et en été. Profitez-en pour masser votre corps, soyez attentif·ive à vos sensibilités, nœuds et douleurs (sept minutes).

Et voilà votre routine quotidienne soins du corps en dix minutes ! Pour y penser, il suffit de prendre votre douche ! Et comme, normalement, c'est quelque chose qu'on fait souvent, vous allez adopter cette nouvelle habitude sans même y penser ! Concernant votre visage, je vous invite également à le nettoyer et à l'hydrater matin et soir. Pour la plupart d'entre vous, il peut suffire d'un nettoyant doux de votre choix, d'une huile et d'aloé véra. Une routine simple vous encouragera à la réaliser chaque jour.

Pour aller un peu plus loin dans les soins de la peau, les massages et soins en institut sont vraiment un beau cadeau à s'offrir ! Il en existe de tous types, je suis certaine que vous trouverez de quoi vous faire plaisir. Vous pouvez vous diriger vers des massages très doux ou énergisants, des soins drainants, du hammam, des bains… Non seulement votre peau sera choyée, mais en plus vous en profiterez pour vous détendre, vous reconnecter à votre corps, et vous offrir du temps de qualité rien que pour vous. C'est aussi ça, donner de l'amour à son corps.

Bien sûr, ces types de soins ne sont pas forcément à la portée financière de tous. C'est pourquoi je vous propose de découvrir les automassages et de vous créer de temps en temps une bulle de spa chez vous. Pour cela, il vous faudra un gommage, une bougie, une petite musique d'ambiance, et du temps. Laissez-vous porter par votre imagination et votre salle de bains ! Vous pouvez prendre un bain avec du sel, du lait et des pétales de roses… Vous pouvez réaliser un masque à la boue sur tout votre corps, tout est permis ! Explorez…

Hydrater sa peau de l'extérieur mais aussi de l'intérieur est vraiment très important. J'aurais pu aborder ce sujet dans le chapitre précédent sur l'alimentation, mais pour moi, au-delà de sa fonction vitale, boire de l'eau aide réellement à améliorer l'aspect et l'élasticité de la peau. Lors de ma perte de poids, j'ai tout fait pour accompagner ma peau, qui, je le savais, allait forcément être un peu distendue. Alors, depuis plus d'un an maintenant, je réalise le même rituel que je vous ai proposé et je bois beaucoup d'eau. Je dois avouer que j'adore l'eau et que j'en ai toujours beaucoup bu. Mais j'ai tout de même augmenté ma consommation pour boire environ quatre litres par jour. Je tiens à signaler que je ne me force pas et que mon but n'est pas du tout de couper ma faim. À vous de voir en fonction de votre corps, de votre activité et avec l'aide de votre médecin, si vous pourriez boire davantage d'eau ou non.

Pour votre information, et si c'est quelque chose qui vous intéresse, je me complémente également en glycine depuis plus d'un an également. La glycine est un acide aminé qui intervient dans la synthèse de fibres de collagène de nos muscles, de nos tendons, de nos ligaments et de notre peau. J'ai choisi de ne pas consommer de collagène, car il est d'origine soit bovine soit marine, et que je suis végétarienne.

Avec tous ces soins internes et externes, je dois avouer que je suis plutôt heureuse de l'aspect de ma peau. Bien entendu, elle est marquée par ma perte de poids, et j'ai des surplus de peau aux bras, aux seins, aux cuisses, au ventre et aux fesses qui sont tout de même notables. Mais, pour une perte de poids de plus de 70 kilos, c'est vraiment le moindre mal.

Mettre en valeur son corps

S'aimer au naturel, c'est le Graal. C'est vraiment tout ce que je vous souhaite ! Vous aimer nue, vous aimer démaquillée, vous aimer fatiguée, vous aimer avec la trace de l'oreiller ou l'acné hormonal. Mais l'amour inconditionnel envers soi n'est vraiment pas l'objectif que je vous conseille de vous fixer. Tout simplement parce qu'il peut sembler si grand, si difficile, qu'on peut se décourager très vite. Et, surtout, il est rare de réussir à s'aimer tous les jours de sa vie !

Il existe des petits outils « superficiels » qui peuvent nous aider à adoucir notre regard sur nous-mêmes, alors pourquoi s'en priver ? Quand je dis « superficiel », ce n'est pas un jugement de valeur, mais bien quelque chose qui vient momentanément modifier notre image. Je parle ici du maquillage, des vêtements, des cheveux, des lunettes et des lentilles... Nous possédons une palette incroyable d'outils qui peuvent *booster*, ne serait-ce qu'un peu, notre confiance en nous ! Est-ce que vous diriez que vous les utilisez ? Si oui, demandez-vous pourquoi, pour qui ? Est-ce que c'est quelque chose avec quoi vous êtes à l'aise ? Est-ce que vous en ressentez l'envie ou le besoin ? Est-ce que vous avez créé une dépendance à votre image avec ces outils ? Il n'y a aucune mauvaise réponse. Si vous ne souhaitez pas accorder d'importance à tout ça, c'est tout à fait OK aussi. Prenez uniquement ce qui vous parle et ce qui pourrait vous accompagner vers encore plus d'épanouissement.

Si je vous pose ces questions, c'est pour comprendre pourquoi on se met en valeur. Pourquoi se maquille-t-on, s'habille-t-on avec des vêtements pas toujours confortables, pourquoi se colore-t-on les cheveux, s'épile-t-on ou pas... ? Le pourquoi est très important, car si c'est quelque chose que vous faites pour les autres, pour la société, alors je vous invite à arrêter pendant quelque temps. J'ai moi-même passé plusieurs années sans pouvoir sortir de chez moi non maquillée. Pourquoi ? Parce que je ne voulais pas « infliger ça » aux gens. Rendez-vous compte de la violence de ces mots ! J'étais tellement habituée à me voir maquillée tous les jours que, finalement, je n'aimais plus vraiment mon visage au naturel. Au point d'estimer que c'était la moindre des choses que de me maquiller pour sortir, par respect. Si c'est quelque chose qui vous parle, que ce soit avec le maquillage ou la mode, je vais vous lancer un petit challenge ! Ça ne sera sans doute pas facile, mais pendant une matinée, une journée ou une semaine, essayez d'arrêter ce que vous faites. Sortez sans maquillage, sans vous mettre sur votre 31. Oui, au début vous ne vous sentirez pas à l'aise, mais petit à petit vous allez réussir à vous réhabituer à votre aspect naturel. Pour ma part, c'est en travaillant chez moi que j'ai réussi à retrouver le plaisir de me trouver jolie sans maquillage. Maintenant, quand je me maquille, c'est une fois par semaine en moyenne, et j'apprécie beaucoup de me chouchouter !

Si vous ressentez la même chose avec les filtres sur les réseaux, qui lissent le teint et déforment vos traits, là aussi je recommande une petite désintoxication. Renouez avec votre vérité, avec la vraie peau, avec les vraies couleurs.

La mode et le maquillage, quand ils ne sont plus indispensables à notre bien-être mais juste agréables, peuvent aussi être de beaux outils pour nous accompagner vers plus de confiance en nous. Voici quelques astuces pour les utiliser et vous mettre en valeur :

- trouvez les couleurs qui vous plaisent ;
- choisissez des matières dans lesquelles vous êtes bien ;
- portez les tailles qui vous conviennent et pas celles que vous aimeriez faire ;
- portez des vêtements qui vous plaisent et pas nécessairement ceux qui sont à la mode ;
- essayez tous types de formes et de couleurs avant de dire que ça ne vous va pas ;
- écoutez si vous le souhaitez les avis des autres, mais ne prenez en compte que le vôtre, au bout du compte ;
- n'oubliez pas que plaire à tout le monde, c'est ne plaire à personne ;
- n'essayez pas de rentrer dans le moule, valorisez votre originalité ;
- osez porter ce que vous voulez, vous ne risquez rien ;
- essayez différents styles, différentes coupes, différentes paires de lunettes, tentez des choses pour sortir de vos habitudes ;
- mettez en valeur ce qui vous plaît le plus chez vous ;
- sachez que vous avez le droit de préférer cacher certaines parties de votre corps, mais que ça ne vous empêche pas de vivre ou vous donne trop chaud ;
- n'attendez pas de faire un certain poids, une certaine taille, d'avoir un certain corps pour vous offrir des vêtements qui vous plaisent ;
- n'hésitez pas à vous faire accompagner par un·e professionnel·le de la mode ou de la beauté.

Eh non, je ne vous donne pas de conseils en fonction de votre morphologie ou de la couleur de vos yeux. Le maître-mot, c'est l'expérimentation. Essayez et osez de nouvelles choses, il n'y a que comme ça que vous pourrez obtenir un résultat différent ! Et, au fur et à mesure, vous allez développer vos préférences, et finalement votre style et vos goûts. Vous pouvez absolument tout miser sur le confort, sur la praticité si c'est le plus important pour vous. Vous pouvez aussi avoir envie de porter des choses avec lesquelles vous êtes moins à l'aise, mais qui *boostent* votre confiance en vous. Par exemple, il existe des vêtements qui modèlent un peu le corps. N'ayez pas honte de les essayer et/ou de les apprécier. L'important, c'est que vous vous sentiez bien, que vous appréciiez votre reflet mis en valeur. Sans oublier que tout ça n'est que du superficiel, que ça ne dure pas dans le temps. C'est juste la cerise sur le gâteau.

Et si finalement vous vouliez plutôt modeler durablement votre corps pour l'aimer encore mieux ?

Pourquoi bouger ?

Je ne pouvais pas ne pas aborder l'activité physique dans ce livre. Avec l'alimentation et la santé mentale, c'est l'une des clefs principales pour modifier son corps. Par le sport, on peut le modeler, le faire évoluer, que ce soit à travers une perte de gras, une prise de poids, de muscles, redéfinir certaines parties de son corps...

Mais est-ce que le sport n'a pour seul but qu'une transformation physique ? Pourquoi faire du sport ? Et est-ce qu'on peut augmenter sa dépense énergétique même si on n'est pas sportif ?

D'abord, oui, on peut pratiquer du sport pour changer son corps, et, non, il n'y a rien de mal à ça. Qui serais-je pour vous dire le contraire alors que j'ai perdu des dizaines de kilos, et que c'est justement ce qui m'a motivée à écrire ce livre ? Comme je le partageais avec vous dans le chapitre 3, le changement fait partie de la vie, et nous avons le droit de vouloir changer pour nous aimer mieux, pour être plus libres, plus en forme, nous plaire davantage... Encore une fois, si j'aborde ce sujet en fin de livre, c'est bien parce qu'à mon humble avis il est important d'avoir fait le travail sur « pourquoi je veux changer » en amont. Parfois, la raison n'est pas la vôtre et finalement la volonté de changer disparaît pour laisser place à plus d'acceptation et d'amour.

Je vous parle de sport alors que j'ai toujours détesté ça ! Je me suis toujours considérée comme pas sportive pour deux sous. Mais, aujourd'hui, je ressens un vrai besoin de me dépenser quand je n'ai pas pratiqué d'activité physique depuis plusieurs jours. Non seulement le sport apporte une dépense d'énergie, une prise de masse musculaire, mais il favorise aussi la libération d'endorphines, hormones du plaisir, qui apaisent le stress et l'anxiété. Bref, le sport, c'est bon pour le corps et la tête, même si on ne désire pas changer quoi que ce soit ! Et je dirais même qu'il n'est pas forcément sain d'associer systématiquement l'activité physique avec la perte ou la prise de poids. Car, oui, c'est un formidable outil, comme évoqué plus tôt, mais c'est aussi quelque chose qu'on peut simplement pratiquer pour le plaisir. Sport et plaisir ? Voilà deux mots qui ne semblent pas toujours aller ensemble, et pourtant…

Pour prendre soin de votre corps, je vous invite à trouver une activité sportive qui saura vous plaire. Je me rends compte qu'on s'imagine souvent que tel ou tel sport n'est pas fait pour nous. On peut s'attendre à ce que ce soit trop difficile, trop pénible. Mais, quand on trouve un sport qui nous plaît, se dépenser devient agréable ! Je sais que ça peut sembler difficile à croire, moi-même j'aurais levé les yeux au ciel en lisant ces mots quelques années plus tôt ! Alors posez-vous cette question : est-ce qu'il y a un sport qui pourrait me plaire plus qu'un autre ?

Réfléchissez à ce que vous auriez aimé faire étant enfant ou peut-être à renouer avec une activité passée. Pour l'instant ne pensez pas à comment et où vous pourriez faire ce sport. On s'en souciera plus tard. Laissez juste la porte ouverte à une activité physique que vous seriez partant·e de tester ou de redécouvrir.

Pas besoin de faire de la musculation, d'aller courir ou de faire du HIIT pour pratiquer un sport ! Vous pouvez commencer par quelque chose de plus doux, comme la natation, le yoga, la marche, le vélo… Il existe énormément de disciplines, n'hésitez pas à utiliser votre moteur de recherche pour explorer par vous-même.

Si vous avez réussi à trouver une discipline qui pourrait vous intéresser, alors il vous suffit maintenant de chercher un cours, un endroit, un professeur, ou juste du temps pour essayer. Juste essayer, tenter une initiation. Ne vous embarquez pas dans un abonnement d'un an qui va vous faire culpabiliser quand vous n'irez pas… D'ailleurs, vous pouvez aussi tester plusieurs disciplines ! Et pourquoi pas vous encourager en y allant avec un·e ou plusieurs ami·e·s. Faites de ces activités un moment de joie, un cadeau que vous vous offrez, un moment pour vous et votre corps.

La dépense énergétique liée à la pratique d'une activité physique représente environ 20 % du total de la dépense quotidienne. Ces 20 % englobent une pratique sportive, mais également l'activité physique de la vie quotidienne. Parce que, oui, même sans faire de sport, vous vous dépensez ! Peut-être avez-vous des enfants ou des animaux que vous portez, avec qui vous jouez. Vous allez marcher pour faire quelques courses, rester debout en faisant la cuisine, monter des escaliers...

Donc, si le sport vous semble pour l'instant trop difficile pour vous, ou si vous avez un souci de santé qui ne vous permet pas de beaucoup bouger, vous pouvez commencer par augmenter votre NEAT : *Non-Exercise Activity Thermogenesis*, autrement dit toute activité physique non sportive.

Concrètement, le NEAT, c'est simplement l'énergie que vous dépensez en vivant votre vie.

C'est le moment de faire un petit bilan d'activité ! Est-ce que vous estimez être très sédentaire : vous passez votre journée assis·e, vous marchez très peu ? Ou est-ce que vous limitez les transports pour marcher ou faire du vélo ? Est-ce que votre travail vous permet de bouger, d'être debout, de faire des allers-retours ? Ou bien est-ce que vous avez un travail très physique, que vous vous dépensez énormément sans même pratiquer de sport ? Faites un point honnête sur vos dépenses énergétiques du quotidien. C'est ce que j'ai moi-même réalisé au début de ma transformation physique. Voici ce qu'était mon NEAT, mon quotidien, et ce qu'il est aujourd'hui.

Mon NEAT sédentaire :

- travail assise dans le canapé ou sur une chaise au bureau ;
- deux à trois sorties de mon chien, de vingt minutes chacune en moyenne (une heure sur la journée) ;
- beaucoup d'utilisation des VTC pour me rendre à des rendez-vous ;
- beaucoup de commandes de repas à domicile.

Mon NEAT augmenté :

- travail assise dans le canapé ou sur une chaise de bureau ;
- deux à trois sorties de mon chien d'une heure chacune en moyenne (trois heures sur la journée) ;

- presque plus aucune utilisation de VTC ;
- marches d'une heure et demie pour me rendre à des rendez-vous sur Paris (trois heures au total, pendant lesquelles je peux passer mes appels téléphoniques professionnels.) ;
- cuisine maison, beaucoup de temps debout.

Il est très important d'augmenter son activité dans sa vie quotidienne pour favoriser une bonne santé, une bonne vitalité et pour une perte de poids, si c'est quelque chose que l'on souhaite. C'est finalement choisir d'être actif·ve au maximum et se libérer du temps pour pourvoir l'être. Faire du sport pendant deux heures en salle, c'est super, mais, si à côté vous êtes extrêmement sédentaire, ça ne suffira peut-être pas à stimuler votre bien-être physique.

Aussi, je vous propose de vous faire à vous-même une promesse écrite dès aujourd'hui pour, vous aussi, augmenter votre NEAT. Commencez par quelque chose de simple et de facile à mettre en place, comme monter un étage à pied, et prendre l'ascenseur ensuite. Ou vous garer non pas au plus proche mais au plus loin de votre destination. Ou encore sortir du métro une station plus tôt. Je le dis souvent, mais j'en suis absolument convaincue : le mouvement entraîne le mouvement ! Plus vous allez bouger et vous dépenser, plus votre corps appréciera et vous encouragera à aller un petit peu plus loin.

Adopter de bonnes habitudes

Tout ça c'est bien, mais, concrètement, comment arrive-t-on à mettre en place ces bonnes habitudes ? Et, surtout, comment les garder dans la durée ? Vous avez déjà peut-être lu plein de livres de bien-être, de développement personnel, mais lire, ce n'est pas appliquer. On sait plein de choses, on apprend, mais on ne passe pas à l'action pour autant. Qu'est-ce qui fait qu'on passe d'une connaissance à une expérimentation ?

Pour commencer, admettons que toute action, même la plus agréable qui soit, demande un petit peu d'effort. Vous n'êtes pas d'accord ? OK, il y a quelques exceptions propres à chacun·e. Mais ne vous êtes-vous jamais dit que vous aviez la flemme de vous lever du canapé pour aller chercher quelque chose dont vous aviez besoin ? Ne serait-ce que la télécommande... Par définition, nous cherchons souvent la facilité, ce qui demande le moins d'effort. Aussi, mon premier conseil pour vous aider à mettre en place de bonnes habitudes quelles qu'elles soient, c'est de réduire la friction. Autrement dit de faire en sorte que ce soit le plus facile possible pour vous de passer à l'action. Par exemple, si vous souhaitez vous mettre à la course à pied, vous pouvez faire l'effort d'avoir vos baskets prêtes dans l'entrée pour le lendemain matin, ainsi que vos vêtements. Vous pouvez avoir préparé un encas à prendre avant de partir, votre gourde, rechargé votre téléphone, pris vos écouteurs, vérifié la météo pour prévoir de quoi vous couvrir si besoin... En ayant tout anticipé la veille au soir, vous verrez que vous aurez beaucoup plus de difficultés à trouver une excuse pour ne pas passer à l'action.

Une autre astuce qui fonctionne très bien est de lier les actions entre elles. Associez une habitude que vous voulez mettre en place à quelque chose que vous faites déjà de façon automatique. Par exemple, vous pouvez écouter un podcast en prenant votre douche si vous souhaitez vous cultiver un peu plus. Si vous voulez prendre des cours de danse, planifiez-les chaque samedi juste avant d'aller faire les courses. Pour vous accorder le temps de vous cuisiner de bons petits plats, associez à ce moment un épisode de votre série préférée. Plus vous allez lier une habitude à une action automatique ou à un plaisir, plus la bonne habitude se mettra en place sans que vous y pensiez. Aussi, je vous propose de prendre quelques minutes pour faire le point sur ces habitudes que vous aimeriez modifier. Notez tout ce qui vous passe par la tête, puis faites le tri en termes de priorité. Qu'est-ce qui est le plus important pour votre bien-être, votre santé mentale et physique, votre corps ? Qu'est-ce qui vous aiderait vraiment à vous sentir mieux, à être plus heureux·se ? Quand votre liste est faite, je vous suggère de ne garder que l'habitude que vous avez notée en numéro 1. La plus importante de toutes, celle qui aurait le plus d'impact sur votre vie.

Cette habitude va pouvoir se mettre en place, je vous le promets. Mais, comme pour tout apprentissage, il va falloir vous laisser le temps. Nous avons de plus en plus de mal à être patient·e·s. Nous vivons dans une société qui veut et parvient souvent à avoir tout, tout de suite.

Nous voulons des résultats au bout d'une semaine ou d'un mois. Si rien n'arrive, alors nous abandonnons en nous disant que ça ne fonctionne pas. Mais c'est justement en persévérant et en s'accordant le temps d'apprendre, de tomber et de se relever, que nous pouvons voir les résultats de nos efforts. Encore faut-il être prêt·e à faire ces efforts. Beaucoup de personnes veulent changer, mais n'ont pas forcément envie de mettre des actions en place pour ce faire. Or « la folie, c'est de faire toujours la même chose et de s'attendre à un résultat différent ! », disait Albert Einstein. En effet, comment pouvons-nous espérer quoi que ce soit de différent dans nos vies, si nous ne changeons rien à nos habitudes ? Et, comme tout apprentissage, le changement prend du temps. Aucun enfant n'a appris l'alphabet en l'entendant une seule fois. C'est la répétition, la patience et la discipline qui nous permettent d'acquérir de nouvelles connaissances. Chaque nouvelle action entraîne de nouvelles connexions dans le cerveau. Plus l'action sera répétée, plus la connexion sera facile et habituelle, et moins elle demandera d'efforts.

On parle beaucoup de motivation quand il s'agit de mettre en place une nouvelle habitude. Mais la motivation n'est en fait présente qu'au départ, c'est une impulsion pour se lancer. Nous n'avons pas de motivation tous les jours, même les plus grands génies ont la flemme. La motivation s'épuise. Alors comment continuer quand elle n'est plus là ? C'est la rigueur qui nous pousse à avancer. La discipline qu'on s'impose est la clef de la réussite. Je sais, la discipline et la rigueur ne vendent pas de rêve. Et ce n'est certainement pas la solution magique que vous auriez aimé découvrir. Mais c'est pourtant essentiel de comprendre que rien n'arrive tout seul, par hasard, sans aucun effort. Même prendre dix minutes pour méditer le matin me demande toujours de la rigueur après plusieurs années de pratique. Parce que, parfois, c'est plus facile de regarder la TV que de m'asseoir sur mon pouf dédié à la méditation. Alors que j'adore méditer et que ça me fait beaucoup de bien !

Mais, pour réussir à adopter une nouvelle habitude, il faut au préalable réussir à trouver un juste équilibre entre effort et plaisir pour ne pas faire de cette action une corvée. Si c'est 100 % de pénibilité, vous ne tiendrez pas. Comme pour un régime, vous aurez peut-être de la détermination pendant un mois ou deux. Mais, face à une trop grande difficulté sans plaisir, nous ne sommes pas en mesure de lutter. Le plaisir peut être trouvé de différentes façons. En premier lieu, c'est dans sa raison, son pourquoi. Qu'est-ce qui fait que vous avez vraiment envie de ce changement ? Quelle est la raison profonde, ce qui vous anime, vous fait vibrer ? Si cette raison n'est pas vraiment la vôtre, si elle n'est pas assez forte, elle ne suffira pas à vous faire tenir. C'est pourquoi de nombreuses personnes se lancent dans une activité sportive à la mode comme le HIIT (entraînement intensif fractionné), mais n'arrivent pas à adopter cette habitude. Peut-être tout simplement que le HIIT n'est pas fait pour vous ! Ce n'est peut-être pas votre sport. S'obstiner à vouloir faire une action qui ne nous plaît pas nous met dès le départ des bâtons dans les roues. Réduisez la friction, trouvez un peu de plaisir dans votre habitude.

Ah, le plaisir ! Je vous parlais dans le chapitre précédent de retrouver le plaisir de manger. Parce qu'on peut manger « régime sans plaisir », mais, de la même façon que ce que je viens de vous expliquer, il est peu probable que vous y arriviez pendant toute votre vie. Durant toute ma transformation, j'ai mangé et je mange encore avec plaisir. Chaque jour, j'apprécie ce que j'ai dans mon assiette, je teste de nouvelles recettes, de nouveaux goûts. Le plaisir n'est pas un gros mot. Le plaisir est essentiel pour une vie épanouie. Bien sûr, on ne peut pas forcément trouver du plaisir dans toutes nos activités, par exemple récurer les WC… Mais plus vous allez chercher le bonheur, plus vous allez le trouver.

Vous remarquez peut-être que je vous parlais de plaisir, et que je viens d'employer le mot « bonheur ». Les deux, bien que souvent complémentaires, méritent d'être parfois dissociés. Le plaisir est souvent lié à une joie éphémère. Comme le plaisir de manger, le plaisir physique, le plaisir de s'offrir des vêtements, le plaisir de faire la grasse matinée… Ces instants de joie sont très agréables sur l'instant, mais ne participent pas à construire un bonheur permanent. Ils sont bien entendu essentiels, mais attention à ne pas remplir sa vie uniquement de petits plaisirs instantanés. Le plaisir est malin, car il est plus facile et plus rapide à obtenir que le bonheur ! On peut donc rapidement se retrouver avec une bonne journée remplie de petits plaisirs. Et c'est OK ! Mais, si c'est systématique, on peut y trouver un léger goût amer, comme de trop peu. Sans parler des plaisirs instantanés qui peuvent générer de la culpabilité dès qu'ils sont finis. C'est par exemple le cas de certaines personnes après avoir mangé un repas riche. Pour savoir si vous cultivez les petits plaisirs plus que le bonheur long terme, posez-vous les questions suivantes :

- Est-ce que ce qui me donne de la joie en cet instant (ou ce qui m'en a donné aujourd'hui) s'inscrit dans ce qui me rend heureux·se dans la vie ?
- Est-ce que je construis le futur dont j'ai envie avec ces actions ?
- Est-ce que le souvenir de ce petit plaisir sera une source de bonheur quand j'y repenserai dans un an (si je ne l'oublie pas d'ici là) ?
- Est-ce que finalement ça me fait vraiment plaisir ? Ou est-ce que je le fais pour une autre raison ?

C'est donc finalement le bonheur que je vous invite à cultiver dans votre vie, à travers la mise en place de nouvelles habitudes ! Bien sûr, saupoudrez-le de petits plaisirs, mais ne perdez pas de vue votre POURQUOI. Votre raison de passer à l'action doit vous emmener vers plus de bonheur, sinon le chemin risque d'être encore plus difficile pour vous. Car, oui, c'est difficile de changer. Mais quand on le fait par amour pour soi, pour s'aimer plus, s'aimer mieux, se rendre plus heureux·se, alors tout est plus facile. Tout dans votre vie sera plus doux si c'est motivé par la bienveillance, l'amour et le bonheur. Je sais que ça fait un peu « gnangnan » dit comme ça, mais j'en suis absolument convaincue.

Alors, si vous êtes prêt·e à mettre en place de nouvelles habitudes, à changer votre vie, je ne peux que vous inviter à choisir le chemin de votre cœur et à le suivre. Personne ne pourra le faire pour vous. Personne ne viendra vous prendre par la main. La pilule magique n'existe pas. Vous êtes votre propre bonne fée ! Vous avez tous les pouvoirs, vous pouvez mettre en place le changement que vous souhaitez dès aujourd'hui. N'attendez pas demain, posez cette première pierre au moment où vous lisez ces lignes. Accordez-vous le temps de comprendre ce dont vous avez vraiment besoin, envie. Écoutez votre corps, regardez-le, remerciez-le. Et changez-le si c'est ce qui vous rend heureux·se. Mais faites-le avec toute la bienveillance et l'amour dont vous pouvez faire preuve. Personne ne le mérite plus que vous. Vous êtes unique et merveilleux·se. Votre corps est incroyable. Vous êtes un miracle de la vie. Qui sait ce que demain nous réserve ? N'attendez plus pour vous offrir tout le bonheur que vous méritez. N'attendez pas pour vivre pleinement !

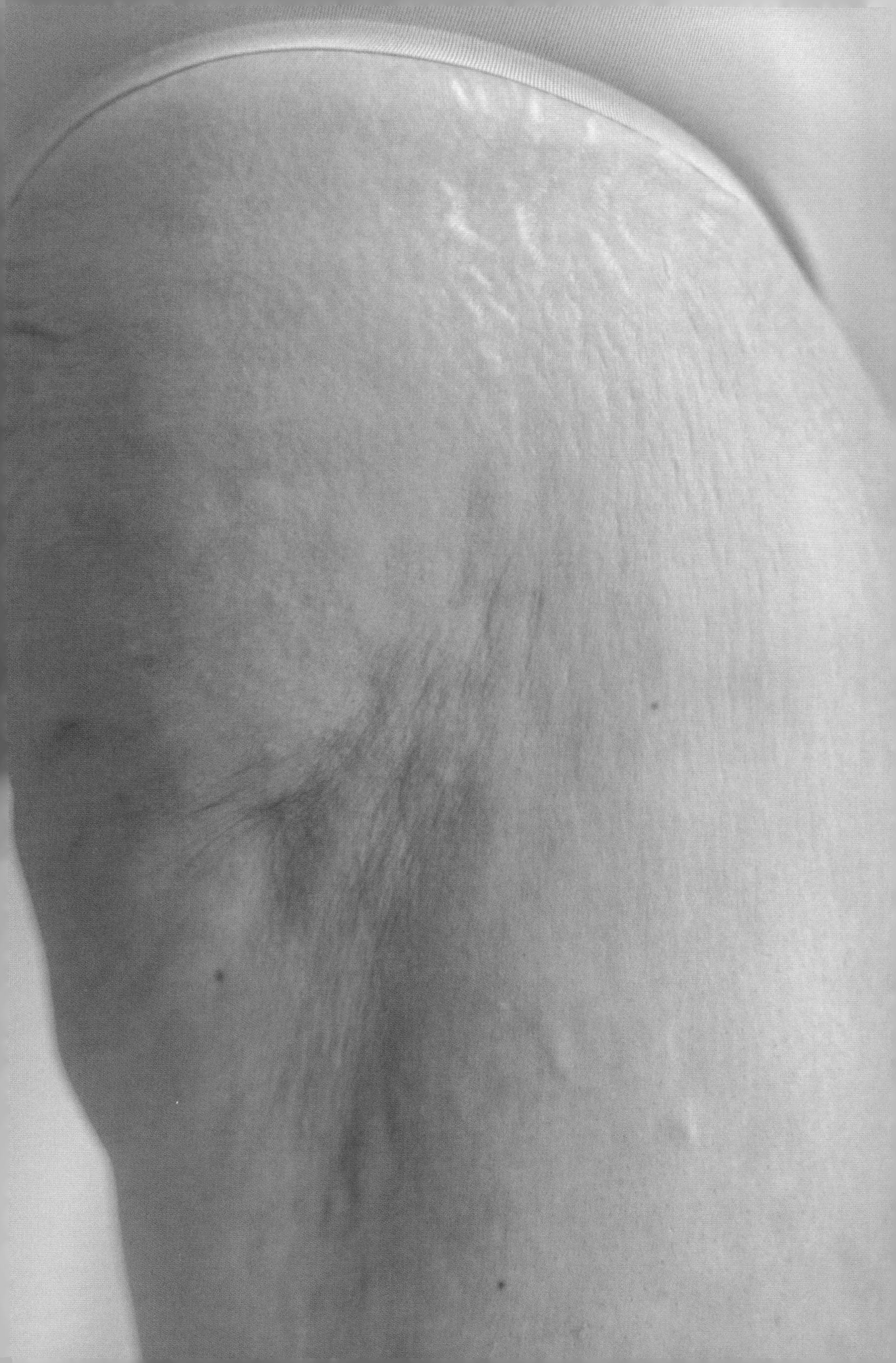

EXERCICE

FACE-À-FACE

C'est l'heure de vous mettre à nu. Oui, littéralement, sans vêtements, sans artifices. Juste vous et votre corps. Juste vous. Je sais que cet exercice peut être très difficile pour certaines personnes qui ne parviennent pas à se regarder, se voir. Si vous sentez que vous n'êtes pas prêt·e, laissez-vous le temps. Vous pouvez commencer par regarder votre visage, ou vos jambes, vos bras... Et, petit à petit, vous pourrez vous redécouvrir en entier.

Et si vous êtes partant·e pour ce tout dernier exercice, alors allons-y !

L'idéal est de vous placer devant un miroir en pied. Vous pouvez d'abord garder un paréo ou une robe de chambre, histoire d'y aller progressivement. Et, bien sûr, réalisez cet exercice avec l'assurance de ne pas être dérangé·e.

Avant de vous dénuder, placez une intention dans ce moment que vous allez passer avec vous-même. Voici quelques exemples pour vous inspirer :

- Je me regarde avec bienveillance.
- Je me découvre sous un angle nouveau.
- J'utilise des mots agréables pour me décrire.
- J'observe mon corps en entier avec curiosité.

- Je me donne de l'amour.
- Je remercie mon corps.
- Je me remémore les bons moments qui ont laissé des traces sur mon corps.
- J'accueille mon corps dans son entièreté.
- J'accepte de ne pas tout trouver joli chez moi, mais ce n'est pas moche pour autant.
- Je m'attarde sur mes courbes, mes creux.
- Je me flatte de ce que j'aime le plus chez moi.

Vous pouvez choisir une ou plusieurs intentions, mais je vous conseille de commencer par en choisir une seule pour vous concentrer dessus et la mettre réellement en pratique. Écoutez votre intuition, et laissez tomber votre dernier vêtement…

Vous voilà nu·e face à vous-même.

Commencez par vous demander comment vous vous sentez.

Est-ce que vous êtes perdu·e, que vous avez peur, que vous êtes dans une grande fragilité, gêné·e ?

Est-ce que vous êtes plutôt serein·e, familier·ère avec votre image, pas forcément convaincu·e par cet exercice ?

Est-ce que vous êtes bien, heureux·se de voir votre reflet, curieux·se de poursuivre, à l'aise avec votre nudité ?

Prenez votre temps. Si vous avez du mal à vous regarder, à poser votre regard quelque part, commencez par vos pieds ou le sommet de votre crâne. Puis suivez les contours de votre corps doucement en vous attardant sur le moindre détail. Peut-être que vous allez découvrir un grain de beauté sur votre route… Si certains endroits sont difficiles à regarder, ce n'est pas grave, ce sera pour une autre fois. Écoutez-vous, vous seul·e savez ce que vous êtes prêt·e à voir.

Vous allez sans doute faire passer votre regard sur des zones de votre corps que vous aimez moins, voire pas du tout. Et c'est normal. Je vous invite à vous attarder sur ces zones avec beaucoup de bienveillance. Essayez de leur envoyer de belles pensées, des mots doux, de la tendresse. Comme si vous parliez à un·e ami·e qui a besoin d'être rassuré·e. Soyez cet·te ami·e pour vous-même.

Si vous vous sentez à l'aise dans l'exercice, vous pouvez commencer à bouger votre corps, à le regarder de dos, à vous accroupir, à passer la tête sous un bras… Regardez-vous dans toutes les positions qui vous amusent et laissez-vous surprendre par l'adaptabilité de votre corps. Le corps en mouvement est magnifique. Il se plie, se croise, se déplie, se tord, se pince, roule… Il est extrêmement solide et en même temps si souple. Il est dur et tendre à la fois.

Quand vous estimerez avoir terminé vos explorations pour aujourd'hui, je vous invite à prendre quelques minutes de plus pour vous faire une petite déclaration…

« Je te vois, mon corps. Je te regarde dans ton entièreté.

Je te remercie pour tout ce que tu me permets de vivre. Ton unicité te rend beau. Je suis fier·ère que tu sois mien. Je te promets de prendre soin de toi. Je me promets de prendre soin de moi. Je mérite toute la bienveillance et l'amour que je donne aux autres. Je suis moi. Je suis beau. Je suis belle.

Je t'aime. Je m'aime. »

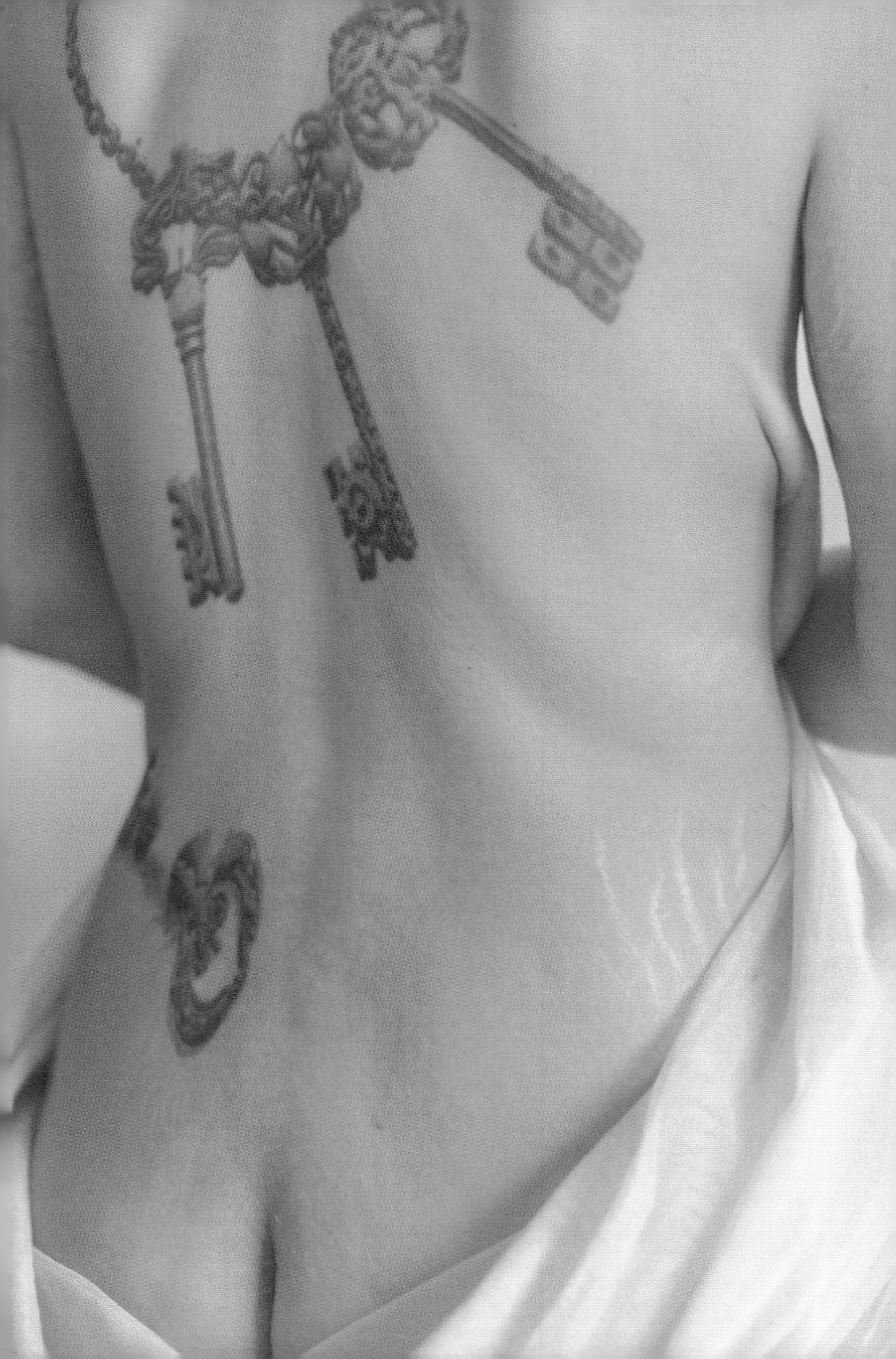

J'ai le droit de changer.

RÉPONSE DE PROFESSIONNEL·LE

COACH SPORTIVE

Manon Saman répond à vos questions.

« Les différentes étapes d'une recomposition corporelle. »

Quel sport privilégier pour réaliser une transformation physique ? Comment le déficit calorique fonctionne-t-il ? Est-ce que je mange trop ou pas assez ? Faut-il prendre des protéines ? Quelle est la clef d'une transformation ? C'est Manon, la coach qui m'a accompagnée pendant un an, qui vous répond.

Quelques conseils pratiques pour débuter une transformation physique, par **Manon Saman**, coach sportive

Le choix de la musculation est très important quand on a un objectif de recomposition corporelle, que ce soit une perte de gras ou une prise de muscle. On parle bien de perte de gras et non de perte de poids, car c'est bien le gras que l'on souhaite perdre, et non du muscle. En perte de poids sans renforcement musculaire, ce sont le gras et le muscle qui disparaissent.

Grâce à la musculation, nous allons nous créer du muscle. Et plus nous créons du muscle, moins nous aurons de masse grasse sur le corps. Ce qui fait de la musculation un allié de choix en perte de gras. En effet, le muscle demande énormément de ressources énergétiques, et ce même au repos. Il augmente donc considérablement notre métabolisme basal, c'est-à-dire le nombre de calories dont nous avons besoin au quotidien pour simplement faire fonctionner notre corps, respirer, réguler notre température, réfléchir...

Plus nous augmentons notre masse musculaire, plus nous consommons de calories au repos !

Une recomposition corporelle se déroule en plusieurs étapes suivant les objectifs prédéfinis :

Phase de déficit calorique

Notre composition corporelle change : nous perdons du gras et nous prenons du muscle. Durant cette phase, nous dépensons plus d'énergie (de calories) que ce que nous consommons avec l'alimentation. Attention, un léger déficit calorique suffit, il se crée simplement avec des paliers de 50 ou 100 calories. Rapprochez-vous d'un·e professionnel·le de santé et/ou de la transformation physique pour vous assurer de manger assez et équilibré. Dans le cas contraire, il peut être utile de commencer par une relance métabolique.

Phase de relance métabolique

Notre composition corporelle change : nous prenons du gras et du muscle. Durant cette phase, nous augmentons progressivement nos apports (surtout en glucides et en lipides), et donc aussi nos calories journalières.

La relance métabolique concerne principalement les personnes ayant fait un régime (ou plusieurs) très drastique – avec l'effet yoyo derrière... Mais aussi les *bodybuilders* sortant d'une sèche stricte, ou les personnes voulant simplement manger plus, améliorer leurs performances...

Cette phase est donc indiquée à toutes les personnes dont le métabolisme est bas, qui désirent perdre du gras et augmenter leur apport calorique à un niveau plus facile à maintenir. Autrement dit, si vous ne mangez pas assez, la relance métabolique va vous aider à retrouver un apport calorique suffisant pour être en bonne forme. Et vous pourrez ensuite envisager une phase de déficit calorique en partant d'un nombre de calories beaucoup plus haut.

Attention : consommer moins de calories que son métabolisme basal met le corps en danger. La relance métabolique doit toujours être suivie d'une phase de stabilisation. La durée de chacune dépend de chaque personne et doit être personnalisée.

Phase de stabilisation

Notre composition corporelle se maintient : ni perte ni prise de gras et de muscle. Nous consommons autant d'énergie que ce que nous mangeons et dépensons. Autrement dit, nous sommes à l'équilibre et notre corps n'a pas besoin de puiser dans ses réserves, ni de créer plus de masse musculaire pour pallier nos besoins énergétiques.

Phase de surplus calorique

Notre composition corporelle change : nous prenons du muscle, de la force et aussi un peu de masse graisseuse. Durant cette phase, nous mangeons en plus grande quantité par rapport à notre dépense énergétique. Le surplus calorique est une phase qui, comme les autres, doit être réalisée avec un bon équilibre de ses macronutriments. Il ne s'agit pas de manger dix burgers par jour pour augmenter son apport calorique. Cette phase est essentielle quand on souhaite augmenter sa masse musculaire (phase aussi appelée « prise de masse »).

De plus, en créant du muscle, nous pouvons également pallier les déséquilibres posturaux et prévenir les problèmes tels que les tendinopathies, les scolioses, l'ostéoporose...

La pratique de la musculation, en particulier, permet également de stimuler sa confiance en soi car la surcharge progressive (le fait d'augmenter les poids petit à petit – c'est cela qui nous permet de créer du muscle) nous motive et nous rend fier·ère·s ! On se surprend soi-même à se challenger véritablement !

Les protéines et le sport

Respecter son total calorique, c'est bien, respecter en plus son équilibre de répartition protéines/glucides/lipides, c'est optimal ! Vous donnez la capacité à votre corps de fonctionner comme il se doit. On entend beaucoup parler des protéines dans le milieu du sport et plus particulièrement celui de la musculation. Vous n'êtes absolument pas obligé·e de vous supplémenter en protéines, que ce soit en shaker, en poudre ou autre. Mais les protéines sont un constituant majeur de notre corps, et il est important de veiller à en consommer en quantité suffisante (tout comme les autres macronutriments). Un petit calcul purement indicatif pour vous aider à savoir si votre consommation de protéines est suffisante : on conseille en moyenne entre 1 gramme et 2,5 grammes de protéines par kilo de poids de corps. Revenons sur l'importance des protéines ! Elles sont formées d'acides aminés et ont de multiples fonctions dans le corps :

→ elles forment la charpente de toutes nos cellules ;
→ elles sont presque le seul constituant de nos muscles (un déficit protéique conduit à un déficit de contractions musculaires et donc à une incapacité à changer physiquement) ;
→ ce sont en partie elles qui nous aident à ressentir la satiété (toujours manger des glucides accompagnés de protéines, pas des glucides seuls sinon gare aux fringales !) ;
→ elles sont le moyen de transport routier favori de l'organisme ;
→ elles transportent aussi nos hormones ;
→ les trois quarts au moins des hormones qui circulent dans le sang sont elles-mêmes des protéines ;
→ les anticorps et autres substances de nos défenses immunitaires qui nous aident dans la lutte contre les infections sont des protéines ;
→ elles assurent la cohésion de notre sang et retiennent l'eau qui circule dans notre corps ;
→ dans le cerveau, la plupart des neuromédiateurs (les hormones du cerveau) sont des protéines.

Certains acides aminés sont presque exclusivement contenus dans les protéines d'origine animale. Ainsi, la tyrosine et le tryptophane, qui sont des acides aminés essentiels pour fabriquer (au niveau cérébral) la dopamine et la sérotonine qui sont en quelque sorte les « hormones du bonheur », sont dérivés d'acides aminés que l'organisme humain ne sait pas fabriquer.

C'est là qu'il peut être intéressant de consommer certains compléments et suppléments alimentaires.

À savoir : ne pas négliger la banane, les noix, les amandes, le chocolat qui contiennent un peu de tyrosine !

Quelques conseils pratiques pour débuter une transformation physique

Avant de débuter une « transformation physique », il est bon de se pencher d'abord sur sa santé mentale, émotionnelle, ses croyances, et de réfléchir à la place que l'on se donne dans sa propre vie :

- Suis-je ma priorité ?
- À quelle fréquence je vibre ? Est-ce que je veux « perdre » à tout prix ou est-ce que je veux CRÉER, DÉCOUVRIR et M'ÉMERVEILLER ?
- Ai-je intégré pleinement la notion de responsabilité ?
- Ai-je véritablement l'espace disponible pour changer radicalement mon style de vie, mes habitudes (entourage, environnement adapté et sécuritaire) ?
- Suis-je vraiment prêt·e à investir mon énergie, mon temps, mon argent dans ce nouveau projet ?
- Suis-je conscient·e que cela va me demander des ressources et qualités telles que le courage, la résilience, la patience, la discipline, la rigueur, l'humilité... ?

Ce qui transforme véritablement et profondément une personne, c'est sa grande capacité à lâcher les attentes, à s'accepter elle-même entièrement avant tout, c'est son ouverture d'esprit, sa décision de remettre en question ses croyances, ses habitudes, c'est le désir de bouleverser, en somme, sa vie actuelle pour en créer une nouvelle. Son ouverture de cœur également (une relation de confiance est indispensable pour créer une belle dynamique dans le coaching/accompagnement).

En tant que coach, je suis celle qui va donner des clefs, un cadre, des repères, des outils, je suis celle qui va permettre un apprentissage, une autonomie.

Je suis aussi celle qui va appuyer où il y a besoin d'appuyer, poser des questions pour que la personne coachée puisse trouver ses propres réponses.

Tout ce que j'enseigne, je l'ai vécu, je le vis et je l'expérimente chaque jour.

Une transformation physique demande un changement de vie : nombre de mes coaché·e·s ont démissionné, rompu, déménagé… car le processus leur a montré ce qui n'allait pas, au fond ! C'est la construction d'un nouvel équilibre entre une santé mentale, émotionnelle, énergétique, spirituelle et physique. Il faut avoir la volonté de changer et être prêt·e à mettre en place ces changements.

Informations complémentaires

Nom : Manon Saman
Contact :
@manon_plume_saman
Manon Plume
Métier : coach diplômée d'État ainsi que psychothérapeute, énergéticienne, guide en travail respiratoire, en méditation créatrice et future professeure de yoga.

J'aime dire que je suis ici pour honorer et expérimenter la vie qui est en moi, et j'adore guider mes semblables sur ce chemin.

Je suis passionnée de santé et de développement humain.

J'ai une approche globale, profonde de l'être humain : c'est pour cela que j'ai créé plusieurs services et des accompagnements différents.

J'accompagne les êtres vers la reconnexion à l'amour inconditionnel d'eux-mêmes, pour se rencontrer véritablement, et je les aide à (re)découvrir leur potentiel illimité.

Je crois profondément que chaque personne a besoin de se faire accompagner, au moins une fois dans sa vie

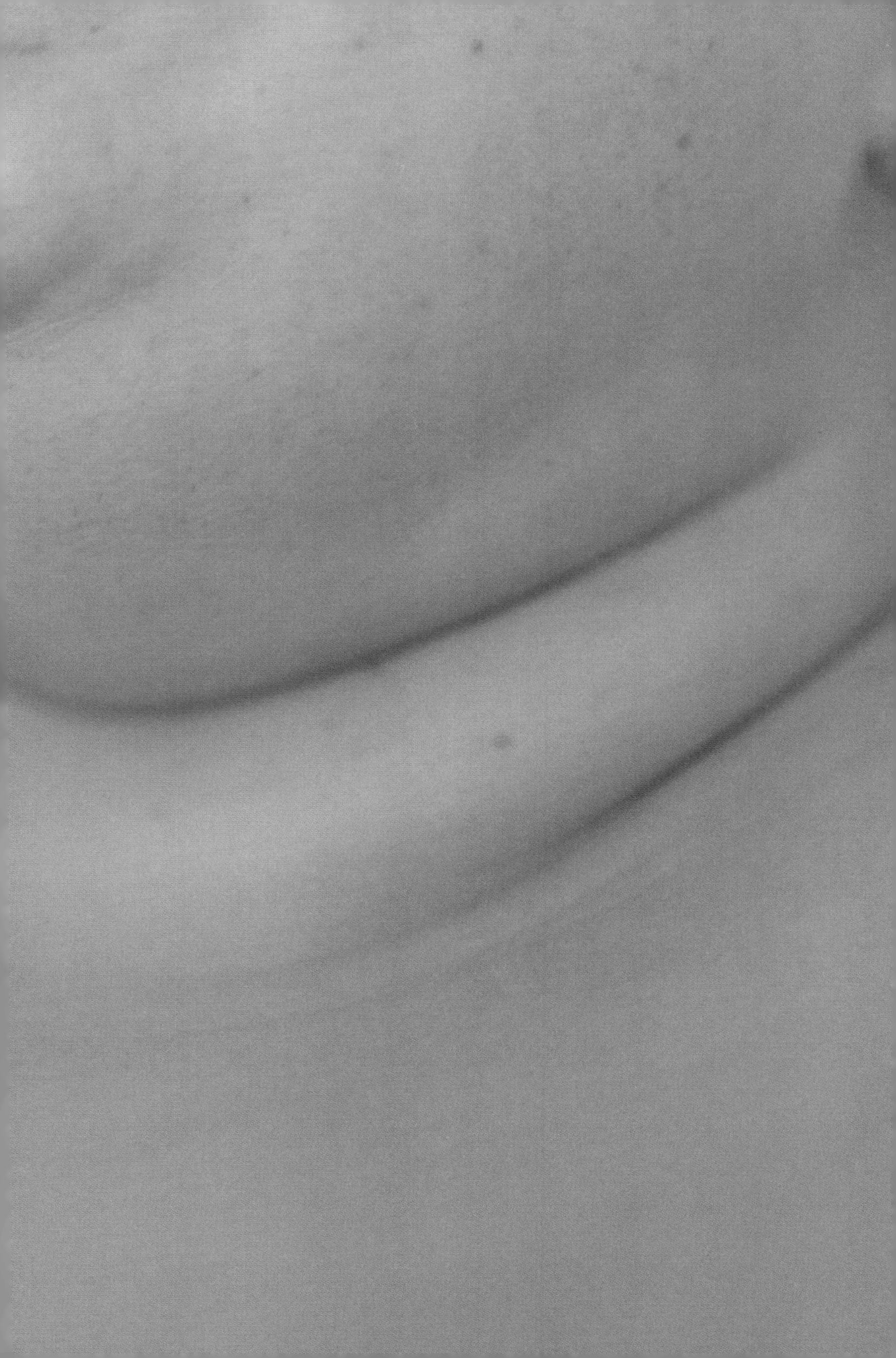

CONCLUSION

Le 9 avril 2022, j'ai réalisé un rêve : sauter en parachute. Je vous en parlais dans la partie *Journaling* de ce livre, c'était mon objectif pour atteindre les 90 kilos. Je l'ai fait !

Je tiens à revenir sur ce saut dans le vide qui symbolise tellement pour moi. C'est une action concrète de lâcher-prise, de renaissance, de confiance envers moi-même. Et c'est aussi une preuve d'amour, une récompense, et une promesse que je me fais. Je ne laisserai plus jamais mon esprit ou mon corps me dire que je suis incapable de faire quelque chose qui me tient à cœur. Je suis plus forte que ce que je peux imaginer, je suis capable de réaliser l'impensable. Aujourd'hui, j'ai sauté en parachute, je n'aurais jamais cru cela possible quelques années et mois auparavant !

Et vous savez quoi ? Je n'ai même pas eu peur de sauter. Je l'ai fait avec le sourire jusqu'aux yeux ! Mes proches étaient là, c'était un peu comme un rituel de passage vers une nouvelle vie. Ce saut, c'est tout ce que j'ai entrepris pour en arriver là. Ce sont aussi toutes les nouvelles possibilités qui s'offrent à moi ! D'ailleurs, très rapidement, on m'a demandé : « Et alors, tu fais quoi maintenant ? » Eh bien, j'ai beaucoup d'envies ! Je veux tout tester, sortir de ma zone de confort, me dépasser et croquer la vie ! Et je sais que, tout ça, je vais le faire, parce que maintenant j'ai conscience de mes capacités et de ma force ! D'ailleurs, à ce jour, j'ai refait de l'équitation, j'ai fait pour la première fois de l'accrobranche, du paddle, j'ai réappris à faire du vélo, j'ai découvert la boxe, j'ai amélioré mon équilibre, j'ai fait de la course à pied, je vais à la piscine, et on m'a offert un tour en Formule 1 prévu pour 2023. Si je partage tout cela avec vous, c'est pour vous montrer qu'un pas après l'autre peut nous emmener très loin, encore plus loin que ce qu'on aurait imaginé ! Une simple petite action aujourd'hui peut vous mettre sur un chemin incroyablement beau ! Je vous encourage vivement à ne pas attendre demain, le mois prochain ou l'année qui vient pour emprunter ce chemin. Je vous encourage à vous prendre par la main et à y aller ! Peu importe ce que vous vous voulez mettre en place : améliorer votre relation avec votre corps, vous aimer plus, perdre du poids, vous muscler, être plus bienveillant·e envers vous-même, gagner en confiance en vous, être en meilleure santé, faire du sport ou bien sauter en parachute ! Vous êtes capable de le faire, vous avez déjà tout en vous ! Et, même si vous ne me croyez pas, rappelez-vous que moi non plus, je ne m'en pensais pas capable avant de l'avoir fait. J'espère sincèrement que ce livre saura vous accompagner vers un chemin de compassion, et pourquoi pas même d'amour pour vous-même et votre corps. Plus vous rayonnez, plus vous prouvez aux autres qu'ils peuvent le faire aussi. Répandons la bienveillance en commençant par nous-mêmes, et le reste suivra.

Enfin, je dois vous avouer que finir ce livre n'est pas une chose facile. Car mon chemin, ma transformation ne sont pas terminés. À l'heure où j'écris ces mots, j'ai perdu plus de 80 kilos, et j'en pèse 71. Partant de 155 kilos, je me suis divisée par deux ! Je ne sais pas où mon chemin me portera, mais je continue de l'emprunter avec beaucoup de bienveillance envers la version de moi qui m'a quittée, et la version de moi que je construis. J'ai beaucoup de gratitude envers celle qui est partie. Elle m'a accompagnée durant les trente-deux premières années de ma vie. Je lui en suis éternellement reconnaissante. Mais, aujourd'hui, je n'ai plus besoin d'elle.

Je m'envole vers de nouvelles aventures, de nouvelles possibilités. Je sais que le chemin ne sera pas tout rose, car la vie est faite de creux et de bosses. Je ne sais pas ce qui m'attend, mais je sais que je serai à jamais fière de ce que j'ai accompli.

Comme vous le savez, la vie est un changement et un apprentissage perpétuels. Et, depuis que j'ai écrit ce livre, j'ai effectué une brève thérapie avec une psychologue spécialisée en addictologie pour continuer mon chemin sur la route de l'alimentation émotionnelle. Elle m'a, entre autres, fait prendre conscience que je me suis construite avec ce schéma de protection, et qu'il fera toujours partie de moi. On ne cesse d'appendre et de s'enrichir, personne ne possède la pleine vérité absolue, celle qui conviendra à tout le monde et qui pansera les maux de tous les êtres humains. Aujourd'hui, je continue d'avancer avec une meilleure connaissance de mon corps mais aussi de mon esprit.

Et, enfin, je souhaite aussi partager avec vous quelque chose qui n'est pour l'instant qu'une possibilité. J'ai rendez-vous avec un chirurgien pour discuter de la faisabilité ou non d'une opération réparatrice pour ma peau. Je vis très bien avec mes bras qui pendent, mon tablier abdominal et mes cuisses qui se froissent. Mais si je pouvais faire en sorte de retrouver une peau un peu plus tendue, je me dis pourquoi pas. Peut-être que je le ferai, peut-être pas. Peut-être tout simplement que je ne voudrai pas changer cela. En tout cas, je voulais le partager avec vous pour vous dire encore une fois que ma route continue. Chaque jour qui passe, je change et me transforme. Et, chaque jour, je regarde mon corps avec toute la gratitude du monde. Quel merveilleux ami ! Je n'aurais pas choisi un autre corps pour partager ma vie. Celui que j'ai est le mien, le seul et l'unique. Il est moi et je suis lui. Nous continuerons d'évoluer main dans la main, d'expérimenter, de changer, de vivre.

Je vous remercie d'avoir pris dans vos mains ce petit bout de corps qui n'attendait que vous. Je vous remercie d'avoir ouvert ces pages avec douceur, d'avoir parcouru mes mots. Je vous remercie et vous invite à vous remercier également de vous être offert ces instants de lecture. J'ai écrit ces mots pour moi, mais aussi rien que pour vous. Faites-en l'usage qui vous parlera. Faites-le avec amour et bienveillance. C'est tout le bonheur que je vous souhaite...

Je suis puissant·e.

2021
2022
2023

Je vais
t'aimer
mieux,
MON CORPS

REJOIGNEZ LE MOUVEMENT « JE VAIS T'AIMER MIEUX, MON CORPS »

Vous aussi décidez dès aujourd'hui de mieux aimer votre corps !

N'attendez pas de le changer pour lui témoigner votre gratitude et lui offrir toute l'attention qu'il mérite.

Participez au mouvement « Je vais t'aimer mieux, mon corps » pour signer ce contrat d'Amour avec vous-même, et incarnez la représentation physique que vous attendiez !

Tous nos corps méritent d'être choyés, vus, montrés, respectés, et considérés avec bienveillance.

C'est pourquoi je vous invite à partager, vous aussi, une photo de vous avec #jevaistaimermieuxmoncorps sur les réseaux sociaux.

Inondons d'amour les réseaux sociaux avec nos incroyables corps !

Retrouvez moi sur :

@rose.poudre
Rose Poudré
@rose.poudre.tiktok
www.lejardinderosepoudre.com

BIBLIOGRAPHIE POUR ALLER PLUS LOIN

Voici quelques ouvrages que je vous recommande pour continuer à explorer votre corps, vous reconnecter à vos ressentis, mieux vous connaître et mettre en place les changements que vous souhaitez :

Allart Sarah, *I Feel Good. 5 étapes pour activer le pouvoir des émotions positives*, Larousse, 2022.

Bourbeau Lise, *Les 5 Blessures qui empêchent d'être soi-même*, Pocket, 2013.

Cayrel Marie et Lime-Lyet Théa, *Nos corps révélés. Pour en finir avec les préjugés*, Mango, 2022.

Lancelot Alain, *Chemins de reconnexion*, Guy Trédaniel éditeur, 2021.

Lefèvre Nathalie, *C'est décidé, je m'épouse*, Larousse, 2020.

Ovidie et Diglee, *Libres ! Manifeste pour s'affranchir des diktats sexuels*, Delcourt, 2017.

Plã Jüne, *Jouissance Club. Une cartographie du plaisir*, Marabout, 2020.

Sfez Camille, *La Puissance du féminin. Libre, sereine et sacrée : renouez avec vos forces profondes*, Leduc, 2018.

Suzuki Nobuo, *Savoure le bonheur des choses imparfaites*, Solar, 2021.

Van der Kolk Bessel A., *Le corps n'oublie rien. Le cerveau, l'esprit, le corps dans la guérison du traumatisme*, Pocket, 2021.

Et mon premier livre qui pourra vous aider à mettre en place de nouvelles actions pas à pas :

Drouet Émilie, *Fleurir avec ses idées. Manuel pratique pour concrétiser ses projets*, Guy Trédaniel éditeur, 2021.

REMERCIEMENTS

Merci à chaque personne qui aura apporté un bout de sa peau et de ses mots pour m'aider à construire le livre que j'aurais tant aimé lire plus tôt.

Merci aux huit modèles photos pour avoir accepté de partager leurs magnifiques corps dans ce livre : Océane, Carole, Laureilla, Sandra, Gaëlle, Leila, Mathilde et Stéphanie.

Merci à Flavie Eidel, notre photographe de l'amour sans qui ce livre ne serait pas aussi incarné, inclusif et beau !

Merci aux cinq professionnel·le·s de la santé et de l'accompagnement qui ont accepté avec beaucoup de gentillesse de partager avec vous leur savoir : Léa, Sabrina, Alain, Émilie et Manon.

Merci à mes proches qui m'ont soutenue non seulement dans ma transformation, mais aussi dans ma vie et dans l'écriture de ce deuxième livre.

Merci à ma maison d'édition, Guy Trédaniel, pour m'avoir fait confiance une fois de plus.

Merci à vous, lecteurs et lectrices, de m'avoir fait confiance et de m'avoir offert votre temps de lecture.

Et j'ai aussi de la gratitude envers moi-même pour avoir rédigé ce livre ! C'était un exercice particulier d'écrire sur ce que j'étais en train de vivre sur le moment même. J'ai eu de longues semaines de page blanche, et de longues heures d'écriture fluide et intuitive.

Je suis libre.

TABLE DES MATIÈRES

Achevé d'imprimer en juillet 2023 par la SEPEC en France
Numéro d'impression : 27305230706

IMPRIM'VERT®

PEFC 10-31-1470 / Certifié PEFC / Ce produit est issu de forêts gérées durablement et de sources contrôlées. / pefc-france.org